MW00917771

1

Brian Alba

EL PODER DE ESTAR SOLO

Este libro fue creado para mostrar lo bueno de pasar momentos con uno mismo y tomar ventaja en la vida en base a ello. Es un libro motivador que envuelve secretos de vida y formas de triunfar a pesar de las dificultades por las que se esté pasando.

Es un libro de lectura sencilla y es ideal para leerlo en los actuales tiempos de pandemia e incertidumbre.

Este libro no está ofreciendo un asesoramiento ni consejo individualizado adaptado a un tipo de persona en particular ni a tratar ningún tipo de enfermedad o condición específica de alguien. Si usted tiene algún tipo de enfermedad, condición o necesidad particular por favor busque los servicios de un profesional.

El autor renuncia específicamente a cualquier responsabilidad por cualquier malestar o riesgo de cualquier tipo que se incurra como consecuencia directa o indirecta del uso y aplicación de cualquiera de los contenidos de este libro

Para todos aquellos que tomaron la decisión de cambiar sus vidas, de tomar acción y luchar a pesar de las adversidades. Para todos aquellos que decidieron comprar este libro para aprovechar y disfrutar los momentos en soledad...

ÍNDICE

PRÓLOGO

El poder de estar solo, es un libro en el que descubrirás que los momentos que pases contigo mismo serán tus mejores aliados para mejorar tu vida, es en esos momentos de meditación, y de reflexión donde nacen los más grandes sueños y los planes para alcanzarlos.

Con este libro pretendo ayudarte a través de mi experiencia, a descubrir el camino hacia la verdadera felicidad que representa el cumplimiento de nuestros sueños, sueños que solo descubriremos en ese profundo conocimiento de nuestro interior, de quienes somos y hacia dónde vamos o mejor dicho hacia donde realmente queremos ir, para alcanzar nuestro desarrollo como personas que no es más que nuestra verdadera felicidad.

Veremos en varios capítulos, temas que nos encaminarán, como vencer ese miedo, como dar el primer paso sin retardos, y también como rodearnos de un buen equipo. No todo es fácil y tendrás que hacer sacrificios que a la final serán retribuidos con tus sueños cumplidos.

A lo largo del libro te iré contando historias de éxito y también un poco de mi propio camino para llegar a considerarme como un ganador, así como tú también lo serás.

EL PODER DE ESTAR SOLO

"Si te sientes en soledad cuando estás solo, estás en mala compañía"- Jean Paul Sartre

La mayoría de las personas padecen de un gran temor a pasar tiempo a solas; es decir, les atemoriza el experimentar la sensación de estar solos, aunque sea por intervalos de tiempo muy cortos.

No obstante, es así porque desconocen el significado del término soledad e ignoran los beneficios de pasar un momento del día ya sea planificado o no, con ellos mismos.

Para empezar, quiero decirte que no debemos confundir el término soledad con el significado de tiempo a solas, la soledad es un sentimiento de vacío que experimenta una persona, lo cual no tiene relación con la posición física; es decir, las personas que experimentan soledad la padecen estén en una habitación a solas o se encuentren en la sala de su casa con familia y amigos.

La Soledad puede ser Emocional cuando la misma se experimenta ante la pérdida de una relación muy personal y afectiva, este sentimiento aparece cuando alguien, que es importante para nosotros desaparece de nuestra vida, por motivos como, la muerte o debido a otra causa, como por ejemplo una ruptura de una relación amorosa o la mudanza de un amigo cercano a otro país y/o continente, la sensación de vacío es muy grande y nos cuesta mucho superarla, ya que carecemos de referencias que nos ayuden a sobrellevar la situación, y no en muy pocas ocasiones terminamos encerrándonos en nosotros mismos.

También tenemos la soledad social que aparece cuando carecemos de un grupo social con quien relacionarnos y podamos compartir actividades e intereses, también se da el caso de situaciones en las que somos parte de un grupo, pero no compartimos con esas personas, valores, gustos e intereses.

Por todo lo anterior expuesto sería correcto definir la soledad como el sentimiento resultante de las creencias y valoraciones, que una persona tiene de su realidad emocional y/o social.

Como humanos también podemos sufrir de una condición muy contraria a experimentar soledad e igual de peligrosa que padecerla, porque mientras una te lleva a sentir un vacío interno y un sentimiento de carencia afectiva, proveniente de parte de quienes te rodean, la otra afección se traduce a experimentar un gran *temor a estar solo* y que en realidad podría considerarse una fobia, se manifiesta por una falta de amor propio, conllevándote a buscar frenéticamente compañía las 24 horas del día, lo cual trae consecuencias negativas debido a razones como:

* Algunas compañías no son tan buenas para ti y pueden ocasionarte heridas emocionales.

* Terminas por alejarte tanto de ti mismo que olvidas quién eres y lo que realmente quieres en la vida.

Está claro que una persona que padece de soledad puede encontrarse en una habitación repleta de familiares y amigos y aun así sentirse extremadamente sola y una persona que teme estar a solas consigo mismo no quiere ni por un espacio de media hora quedarse sin compañía, requiere estar rodeado de personas y de ruido, así sea en una sala llena de personas desconocidas.

Ambas condiciones tienen solución; es decir, es posible sanar de estos malestares que están afectando tu bienestar físico, emocional y psicológico.

Disfrutar de un merecido instante a solas, ya sea planificado o fortuito, es una oportunidad de bienestar, de ganar para sí mismo preciados minutos de crecimiento personal, además de que conseguirás dar un respiro a tu mente, lo cual provocará que surjan en ti nuevas ideas, nuevas motivaciones, nuevas metas.

Aprendimos, que al estar solos nos debemos sentir desdichados y esta creencia nos limita para poder ver todos los beneficios que podemos obtener cuando nos adaptamos a pasar tiempos solos.

Esta creencia es subjetiva, alguna persona pudo crearla por haber escuchado a su padre decir frases como: ¡el hombre que es hombre siempre debe estar con una mujer a su lado! O probablemente lo aprendió del ejemplo de algún familiar que siempre en apariencia estaba feliz y la única referencia es que vivía de fiesta en fiesta con sus amigos. Pero recuerda, no toda compañía es verdadera compañía, no toda relación es sana para ti, existe un refrán popular que reza: "es mejor estar solo que mal acompañado" este refrán es verdadero.

Aprender a pasar tiempo contigo mismo tiene muchas ventajas, una de ellas es que te prepara para comprender, que si te toca atravesar por una situación en la cual debes vivir una ruptura de alguna relación emocional, la vida no termina y en ti se encuentra la fuerza para seguir adelante.

Algunas de las ventajas de reservar unos preciados instantes para estar con nosotros mismos son:

Aprenderás a ver las situaciones con menos complicación.

Nadie duda que pasar tiempo con nuestros familiares y amigos es muy agradable y necesario, como ya sabemos, somos seres sociales y en individualidad no podemos subsistir; sin embargo, el paso de los días actuales pueden resultar un tanto revueltos, estruendosos y acelerados, por lo tanto, en ocasiones siguiendo el ritmo de los días podríamos terminar haciendo actividades que preferiríamos no hacer, es por esto que resulta ventajoso pasar tiempo a solas, ya que nos concede el beneficio de sintetizar nuestras ideas e intereses.

Clarificar tus pensamientos.

Nuestra mente tiene la capacidad de retener y almacenar una gran cantidad de información, sin tomar en consideración si es útil o no, cuando logramos pasar tiempo a solas o tiempo con nosotros mismos podemos poner en orden ideas, analizar soluciones a problemas y suprimir todo lo que nos esté causando lío o desorden mental.

Aprenderás cosas sobre ti, que no sabías ni imaginabas.

El tiempo a solas nos permite tener la oportunidad de comprender lo que sentimos y pensamos referente a lo que acontece a nuestro alrededor, lo cual es prácticamente imposible cuando nos encontramos rodeados de muchas personas, ya que es posible que nos sugestionemos por la presencia u opiniones de las demás personas, en pocas palabras estando un rato solo, podrás identificar entre las ideas que surgen naturalmente de ti, y la que surgen de los demás.

Te darás cuenta de que eres capaz de ser independiente.

Aunque los seres humanos somos seres sociales, necesitamos pasar, aunque sea, pequeños momentos solos, así te darás cuenta que no es necesario rodearte de una multitud de personas para estar bien, comprenderás de esta manera, que, aunque eres un ser social, también gozas de determinada independencia.

Conocerás tus defectos.

Cuando pasamos tiempo con nosotros mismos, aprendemos a reconocer nuestros defectos, y podemos tomar las medidas necesarias para combatir o cambiar aquellas actitudes que nos causan daño o lastiman a las personas que forman parte de nuestro entorno.

Existen muchas más ventajas de pasar tiempo contigo mismo, si cada día te tomas unos minutos para pasar un rato a solas, verás como pronto comenzarás a acostumbrarte y llegará el día en el que tu mente necesite esa terapia de crecimiento personal a través de la cual obtendrás bienestar.

Algunas recomendaciones para aprender a pasar tiempo solo:

Esfuérzate y encuentra dentro de ti, un motivo, la mayoría de las veces que no queremos quedarnos solos, es porque necesitamos constantemente que alguien más apruebe o repruebe nuestras decisiones, si te convences de que puedes tomar una decisión y afrontar las consecuencias, te darás cuenta de, que en muchas de las actividades que realizas no necesitas validación de las personas que te rodean.

Comienza de a poco, si no te gusta pasar tiempo solo, no puedes pretender irte un fin de semana completo a una montaña alejada de la civilización a acampar tú solo, ¡te volverías loco en menos de medio día! Comienza por tomarte unos 15 minutos al día para reflexionar solo en tu habitación, luego de que te adecues a este tiempo ve aumentando el tiempo colocando otras actividades como leer, escribir tus pensamientos o hacer alguna manualidad, cuando menos lo esperes estarás disfrutando de tu propia compañía.

También puedes reservar un día y dar un paseo solo por algún lugar, por ejemplo, visitar algún pueblo cercano, en el cual puedas caminar por sus calles, sentarte en su plaza, tomarte un café, este paseo, aun cuando involucre alguna que otra plática con otras personas no rompe con tu práctica de pasar tiempo contigo mismo y te ayuda a conocer nuevas realidades.

Trata de estar relajado, no te estreses ni te sientas mal por pasar tiempo contigo mismo, tienes el derecho, pero también el deber de hacerlo, ya que esta terapia te da la oportunidad de conocerte más y de trabajar en tus defectos, así tu autoestima crecerá y tu relación con los demás mejorará notablemente.

Luego de que aprendas a pasar tiempo contigo mismo, aprovecha cada oportunidad que la vida te brinde en la que te encuentres, solo organiza tus ideas y verás cómo terminarás creciendo más como persona.

Es importante pasar tiempo en soledad por muchas razones

1. Nos sirve para reflexionar, y sobre todo agradecer.

Ser agradecido es el camino principal a la felicidad, cuando estamos solos podemos reflexionar y apreciar todo eso que tenemos y, sobre todo, esos pequeños milagros que nos ocurren día a día, respirar, poder apreciar los olores, las personas que tenemos a nuestro alrededor, y nos acompañan en el transitar por la vida, la cama donde dormimos, incluso el hecho de poder tener este libro hoy en tus manos.

2. Nos da tiempo para conocer nuestro interior.

Como te comenté al principio, puedes sentir la soledad incluso en un salón lleno de personas, pero, estar tiempo solo es diferente, ya que no es una obligación, sino una opción que elegiste para pasar tiempo contigo mismo, que bien se siente y te lo digo porque lo hago con frecuencia. Desconectarse un rato, ir a comerse un helado solo, darse el tiempo para saborearlo sin nadie que te hable, solo tú contigo mismo. Pero ¡mucho cuidado! Así como a veces estamos solos con mucha gente a nuestro alrededor, otras veces estamos acompañados estando sin ninguna persona cerca.

¿Cómo puede ocurrir esto?

Pues porque llenamos nuestra mente de bulla, empezamos a pensar en lo que tienes que hacer o dejaste de hacer, en las compras, en el pago de los impuestos, en aquella persona que te hizo daño o aquella que te hace bien, y sin querer la traes hacia ti, perdiendo minutos valiosos de estar solo contigo mismo.

Si te detienes, si calmas esa bulla que hay en tu interior, descubrirás un tesoro que está dentro de ti, muy enterrado y encontrarás la libertad.

- Muchas veces estando solos es cuando encontramos verdaderamente sentido a nuestra vida, nos redescubrimos, porque estando solos descubriremos nuestra pasión, nuestro propósito y motivación, nuestra propia razón de ser.

- Para estar verdaderamente solo debes buscar la paz y quietud, libérate de todo ruido, cuando la mente está libre de ruidos, estarás en paz contigo mismo y podrás meditar sobre lo que quieres, incluso estar solo, puede curar tu alma de esas afirmaciones negativas que te limitan y aún ni sabes que la tienes, todas esas falsas creencias, suéltalas y sé libre.

- Estando solo aprendes a confiar en ti mismo en tu propia lógica, aprendes a hacerle caso a tu instinto, a observar a tu alrededor el desenvolvimiento de las cosas y situaciones.

- Por último, estar solo te ayudará a organizar tus ideas, porque cuando estas solo eres libre para soñar, por lo tanto, puedes visualizarte como tú quieras, eres libre para trazar los planes que te llevarán a alcanzar tus sueños.

... Siempre he sido muy alegre y extrovertido, una persona de hablar en tono alto de esas que escuchan música a todo el volumen, escucho música cuando estoy en casa limpiando, cuando voy en el auto, incluso me llevo los auriculares para el baño, por esto y mucho más me definía como una persona muy alegre. Una vez una amiga me

preguntó que por qué escuchaba música tan alta, y obvio que le respondí que soy alegre, que me gusta estar siempre así. Ella me dijo que una vez había leído que las personas que eran así, era porque tenían miedo de estar solos consigo mismos, claro que ese comentario me disgusto, pero luego en mi casa esas palabras hacían ruido en mi mente, y cuando intenté callarla con música, pensaba más y más en ello.

Mi amiga tenía razón, nunca en mi vida había tenido tiempo para escucharme... para saber que quería y a donde iba, ¿qué me motivaba? ¿Qué me molestaba? Y es que ni siquiera me había detenido a pensar que... La soledad siempre me causo temor, estar solo en una habitación, quedarme solo en casa... desde muy pequeño siempre tuve ese gran miedo y mis padres me dejaban con música para que me sintiera acompañado.

Guao... que otras cosas guardamos de nuestra infancia aún y no nos hemos dado cuenta de lo nocivo que suele ser.

Ahora me preguntaba

¿Quién soy?

¿Cuáles son mis sueños?

¿Qué plan trazaré para cumplirlos?

Entonces me di cuenta de que cada sueño tiene su valor y que soy yo mismo quien decide cuantos valen esos sueños...

LEVÁNTATE Y MUÉVETE

El valor de un sueño lo pones tú...

Ya conoces la importancia de pasar tiempos a solas, ahora bien uno de los beneficios que trae el pasar tiempo contigo mismo, es que puedes aclarar ideas y establecer metas ya sean para cumplir a corto a mediado o a largo plazo, son metas, algunas pueden ser tan grandes que te parecerán un sueño llegar a cumplirlas, pero no por el hecho de parecer un sueño significa que es de imposible realización, lo más importante es tener confianza en que lo puedes lograr, tener fe y confianza en ti mismo y no dejar de avanzar hasta ver cumplido este sueño.

Para cumplir un sueño o meta es necesario, que logremos vencer un conjunto de obstáculos que pueden ser internos o externos.

Para cumplir con un sueño o meta debes:

Tener claro que es lo que quieres, esto lo vas a lograr con mayor facilidad cuando aprendas a disfrutar del tiempo que pasas a solas, tiempo en el cual podrás establecerte metas y fijar objetivos que te ayuden a realizarlas.

Obtener y mantener la autoconfianza, si no logras confiar en que eres capaz de hacer lo que te propongas, difícilmente vas a poder hacerlo.

Un sabio una vez dijo: si subes a la montaña más alta del mundo y la escalas solo, no podrás volver a descender, si no crees posible hacerlo, en la cima de esa montaña no importará si toda tu familia, amigos, y hasta tu perrito te creen capaz de poder regresar, el saber que ellos te esperan te motivará, grandemente y te impulsará a luchar por volver, pero si no te crees capaz no importa cuánto lo intentes vas a desfallecer en el camino y no lograrás volver. Este ejemplo es válido para todos tus propósitos en la vida, es obvio que necesitas la confianza de tus seres queridos, pero si no confías en ti mismo nunca vas a lograr tus metas y aspiraciones.

Crea un auto compromiso, colócate metas, que en realidad quieras cumplir con todo tu corazón y elabora un plan, para ayudarte a cumplirlas, sigue ese plan con mucha disciplina y esfuerzo, ya verás, como te resultará mucho más fácil obtener buenos resultados.

Hazte cargo de los resultados, para poder triunfar en gran parte de tus aspiraciones, es necesario reconocer que muchas de las cosas que nos acontecen son consecuencias de nuestras decisiones y acciones cuando culpabilizamos a algo más, como por ejemplo la vida, o la suerte, nos estamos victimizando.

La victimización nos convierte en personas vulnerables y débiles, lo cual paraliza nuestro proceder, no podemos actuar y generalmente terminamos tomando decisiones incorrectas que nos acarrea problemas y trae como consecuencia el no podernos centrar en resolver los verdaderos problemas que podrían estar obstaculizando la ejecución de los objetivos planteados.

Recuerda que eres un ser humano y, por lo tanto, un ser falible, dar el todo por el todo para alcanzar una meta y que fracases, no significa que no eres capaz, lo importante es perseverar, y mantener viva la confianza en ti.

Mantén anotadas tus metas, si las anotas en una libreta, agenda o diario, te resultará más fácil visualizar los objetivos a cumplir para lograrlas, otra ventaja de anotarlas es el poder comprometerte contigo mismo, cuando anotes tus metas escríbela hablando en positivo, es decir, si te has propuesto acostarte a dormir más temprano, debes decir, de ahora en adelante: ¡dormiré a más temprana hora de la noche!, en vez de decir: ¡ya no me voy a ir a dormir tan tarde, nuestra mente inconsciente, no comprende la palabra ¡no! Así, si tú le dices, que no vas a trasnocharte, ella entenderá que te vas a trasnochar, por eso es más favorable decir frases en positiva, tu mente inconsciente te prepara para la acción.

Analiza tu meta; es decir, piensa en si es posible, o en cuánto tiempo puede ser posible, no se trata de exigirte algo sobre-natural e irreal, debes basarte en cosas realistas, ejemplo, si tú nunca has trotado ni por 10 minutos, no puedes pretender correr un maratón sin una exhaustiva preparación.

Debes ser paciente contigo mismo, el hecho de que no sea una meta a cumplir en corto plazo, no quiere decir que sea imposible, tú debes luchar por cumplir tus sueños, tú tienes el compromiso de cumplir lo que te propongas, escribe frases motivacionales que te hagan recordar que podrás cumplirlas, busca dibujos que te recuerden cuáles son los objetivos para llegar a cumplir a feliz término tu acometido, ejemplo, si tú te propusiste ahorrar para un viaje, coloca dibujos en tu cuarto, baño y cocina imágenes alusivas a viajes, y así tu mente recordará tu sueño de ir a ese lugar y por tanto, debes ahorrar para poder llegar allí.

Divide tu meta en metas más pequeñas; es decir, si tu meta es dar una charla a una cantidad considerable de gente porque sufres de mucha timidez al hablar en público, comienza dando una ponencia más pequeña a pocas personas, dos o tres cuando mucho, pudieran ser familiares o sujetos con los cuales te sientas cómodo y así ve subiendo el número pidiendo a tus amigos ayuda, para que dé a poco te vayas familiarizando con el hablar en público.

Coloca una fecha límite, esto te va a permitir enfocarte en cumplir con los objetivos, todo lo que vamos posponiendo, terminamos por no hacerlo y el hecho de establecer una fecha te obligará de alguna forma a trabajar por lo que quieres.

Determina los obstáculos con los que crees te puedes llegar a encontrar, estos también pueden ser tus debilidades como por ejemplo algún mal hábito, ejemplo si tienes por costumbre llegar algunos días tarde a tu trabajo y esto es causa de no recibir una bonificación por empleado del mes, debes enfocarte en cambiar esta debilidad para lograr estar más cerca de tu objetivo.

Determina las oportunidades; es decir, tus habilidades, destrezas y recursos disponibles, incluyendo a las personas que te pueden ayudar a cumplir tus objetivos brindándote apoyo, ya sea emocional, aconsejándote o instruyéndote sobre un tema específico que debas manejar para cumplir más fácilmente tu meta.

Elabora una planificación detallada de los pasos a seguir para el cumplimiento de tus objetivos, ve realizando las modificaciones necesarias a medida que avances en la ejecución del plan.

Mantén tu mente positiva, visualiza el escenario del cumplimiento de tu meta, eso mantendrá viva tus ganas de luchar por alcanzarla.

Reconoce siempre tus logros, sean pequeños o sean grandes, son tus logros y debes estar orgulloso de ti.

Anécdota

El siguiente relato es un acontecimiento de la vida real y es ilustrativo para demostrar que somos perfectamente capaces de alcanzar nuestros sueños, si en verdad queremos, no existen obstáculos que no podamos superar.

«Nunca es demasiado tarde para aprender, mientras tengamos vida no puedes cerrarte a las posibilidades de aprender lo que quieras. En la universidad se ven casos de personas que entran en una edad muy por encima de la del resto de su clase, esto es algo muy normal y es debido a que muy posiblemente la persona no tuvo el tiempo de ir a la universidad, comenzó a trabajar, formó una familia y luego del trabajo para un ascenso o algo por el estilo le envían a estudiar en la educación superior. Una vecina me contó que en sus años de universidad se encontró con un caso extraordinario, era el caso de una señora que entró a la carrera que ella estaba estudiando, el caso fue sorprendente porque esta señora de nombre Dalia ya pasaba los 60 años, esto no era lo realmente sorprendente, sino que sus dos hijos ya habían formado vida propia, uno estaba graduado en neurocirugía, estaba casado y con dos hijos, el otro de sus hijos se dedicaba al comercio de tecnología y vivía en el extranjero desde hacía un par de años. Su esposo ya estaba jubilado y pasaba mucho tiempo en una hacienda familiar. Ella decidió un día empezar a estudiar una carrera universitaria, su amiga y vecina le dijo como si ella fuera dueña de la vida, que para que perder ese valioso tiempo, que ya no iba a poder ejercer; su esposo la apoyo en su decisión y su hijo doctor también, su otro hijo, por el contrario, le sugirió abandonar su propósito de estudiar y le sugirió hacer algo más con su tiempo, Dalia fue muy criticada por muchos estudiantes e incluso profesores. Pero ella hizo caso omiso de estas malas críticas y poco a poco se ganó el respeto y admiración de todos, logró graduarse en tiempo récord con honores y montó un negocio en casa, se graduó en ingeniería informática, al poco tiempo de graduada, logró crear una plataforma online con la que brindaba servicio técnico y especializado, desde la comodidad de su hogar.

Nunca es tarde para aprender algo nuevo››

En la anécdota podemos ver, notablemente, que:

El secreto del éxito es creer en ti y no dejar de avanzar, si tienes un sueño, debes levantarte y ponerte en camino, si es realmente para ti, no importa el tiempo que te lleve conseguirlo, lo vas a conseguir.

¡Tú eres quien pone el valor a tus sueños!

Es por ello que luego de darme de que estando solo podría clarificar mis pensamientos me di cuenta de algo y es que yo si tenía un sueño, y no solo uno, tenía dos sueños, uno era un sueño muy personal e individual y ese era viajar a Europa, específicamente Francia, siempre me ha gustado viajar y conocer.

Y el otro sueño y más ambicioso de todos era crear mi propia agencia de turismo, darle a conocer al mundo lo hermosa que es mi ciudad, y llevar a las personas de mi ciudad a otros lugares, trabajar para que muchas personas se maravillaran con paisajes, vieran por primera vez el mar se bañaran en las playas de blancas arenas. Te podrá parecer superficial este sueño y de poca utilidad, pero realmente no lo es, todos independientemente de la cantidad de dinero que tengan tienen el derecho de conocer esta maravillosa tierra llena de maravillas.

CARNE PARA EL LEÓN

Todo en la vida comienza con motivación, desde que nacemos nos movemos porque algo nos motiva, cuando somos bebés, lloramos porque nos motiva el hambre, nos sentimos sucios o la necesidad de compañía de nuestra mamá, luego más grandes, esas motivaciones van cambiando hasta que llegamos a la adolescencia y nuestra motivación es encajar en un grupo, la independencia y por supuesto, el primer amor.

Todo esto nos da a entender que sin motivación el mundo no se mueve, quedaría estancado, sin combustible, sin ninguna fuerza que lo mueva.

Podemos definir la motivación como una condición con la cual dirigimos y mantenemos nuestro proceder en dirección al cumplimiento de una meta o un fin determinado, también podemos decir, que es el impulso que nos mueve a realizar ciertas acciones y perseverar en ellas, para cumplir con unos objetivos específicos.

Existen muchas teorías que intentan explicar la motivación o mejor dicho definirlas, una de ellas nos dice que en el mundo tenemos motivaciones básicas, estas son las que nos lleva a satisfacer nuestras necesidades físicas como por ejemplo hambre, sed, y resguardo; es decir, para sobrevivir necesitamos comida, agua y una vivienda o sitio donde protegernos de la intemperie. De estas motivaciones han salido los mayores avances de la humanidad, la agricultura, la rueda, en la edad primitiva, las viviendas en cuevas.

Otras teorías indican otros 3 tipos de motivaciones:

1) Motivación al poder,

2) Motivación a la filiación

3) Motivación al logro.

Las 3 tienen su extremo positivo y su extremo negativo

- En la motivación al poder, el extremo negativo te puede convertir en un jefe malvado o en un dictador y el positivo en un gran activista y defensor de los derechos, un gran líder.

- En la Motivación a la filiación, el extremo negativo te puede convertir en una persona sumisa, propensa a las drogas y al alcohol, solo por encajar en un grupo, el extremo positivo te lleva hacer un gran amigo y a tener una buena familia.

- En la Motivación al logro, el extremo negativo te puede llevar a estudiar y estudiar o internarte tanto en el trabajo que olvides y abandones a tu propia familia, y el extremo positivo a estudiar, capacitarte y avanzar hasta lograr tus metas.

Siempre es bueno buscar un equilibrio entre las 3 motivaciones, ya que es el equilibrio en tu vida el que te dará la verdadera felicidad, no así a abandonar una cosa por la otra.

También tenemos una motivación intrínseca y otra extrínseca; es decir, una que viene de tu interior y otra que viene de afuera, por ejemplo, si un niño saca la máxima puntuación en un examen porque su mamá le ofreció un helado si salía bien la motivación es extrínseca (viene de afuera) pero si saca buenas notas porque quiere entrar más adelante en una buena universidad y ser un gran médico su motivación es interna.

Para alcanzar tus metas solo te ayudará la motivación intrínseca, porque viene de adentro de ti... lo que viene de afuera es pasajero y cambiante y lo que viene de adentro siempre será duradero.

Entonces lo primero que debes hacer, es saber qué es lo que te motiva, buscar un equilibrio y averiguar si verdaderamente es tú yo interno que desea hacer eso o alcanzar esa meta.

Para conocer cuál es tu motivación es preciso que pases por un proceso de autoconocimiento, pero eso no es fácil, debes pedírselo al ¡genio de la lámpara!

Pero bueno, ese es tema de otro capítulo, es importante que sepas que, durante el proceso de la motivación, es normal pasar por varias etapas o fases, primero se ha de experimentar una duda de si será o no posible alcanzar los objetivos establecidos que conllevarán a la realización de la meta. Cuando se da el caso de, que triunfas en algo paralelo a tu meta, tu estima se elevará y te sentirás mucho más motivado a cumplir la meta que te planteaste inicialmente, ejemplo, si tienes por meta dar una ponencia a un número elevado de personas, y sufres de miedo escénico, podrás antes de cumplir tu acometido, tal como te recomendé anteriormente dar charlas a pocas personas, dos o tres, y al conseguirlo con fluidez te sentirás mucho más preparado y motivado para seguir luchando por tu propósito.

La motivación es además un proceso dinámico, puede haber días en los cuales tendrás mucha energía y como consecuencia estarás muy motivado, pero existirán días en los cuales vas a sentir que tu motivación está en declive, la idea, es que no te dejes vencer por los días en los que pareciera no encuentras razones para luchar por tus objetivos.

Te regalaré algunos consejos para ayudarte a mantener arriba los ánimos y la motivación.

+ Crea un programa de acción donde anotes tu meta, los obstáculos que crees te puedes encontrar, tus fortalezas, además de sub-metas, que como ya te expliqué, la realización de cada sub-meta te motivará a seguir esforzándote por llegar a la meta final.

+ Cuida de tus energías física y mental, no malgastes estas energías en cosas que te distraen o alejan de tus objetivos.

+ Mantén la perseverancia, no te rindas ante los obstáculos, al contrario, lucha por vencerlos, asumiéndolos como parte del proceso.

+ No pierdas el tiempo en quejas y en lamentaciones, esto solo te retrasa y distrae, además de hacerte perder tu fuerza mental y emocional.

+ Exígete más, siempre existirán ocasiones en las que debido a las pocas fuerzas del día, te sentirás desmotivado, y no estarás dispuesto a luchar por alcanzar los objetivos planteados, cuando esto te pase debes obligarte un poco, por ejemplo si tu meta es lanzarte por ejemplo de un paracaídas y no se te permite por tu peso razón por la cual has optado por seguir un estricto plan de ejercicio, aunque un día no quieras hacer tus ejercicios debes obligarte a continuar con la rutina, ella te acercará a la meta, si vas a esperar a tener ganas o ánimos para comenzar una nueva rutina, entonces no vas a iniciar nunca, debes luchar por lo que quieres y en esa lucha tú eres tu único contrincante.

+ Mantente rodeado de personas optimistas, ellas te ayudarán a ganar autoconfianza y que vean el lado bueno de la vida, el optimismo es muy contagioso y necesitas de optimismo para cumplir tus metas.

+ No olvides felicitarte por tus progresos, buscar en tus fracasos las lecciones que debiste aprender, y además disfruta del camino a cumplir tu meta, los logros de la vida siempre se conseguirán caminando a cuesta arriba, pero mientras subes la vista es increíble.

+Si en el cumplimiento de tus objetivos encuentras nuevas metas o resulta, que lo que quieres ahora es algo más ambicioso o completamente distinto a lo que te habías establecido al principio, no temas cambiar de plan, somos seres cambiantes y también somos falibles, es posible que al principio no estabas muy seguro de lo que querías, pero ahora ya vas más encaminado y esto es el resultado del tiempo invertido contigo mismo en la construcción de tu propio tú.

+ Entrénate en automotivación, el apoyo de tus seres queridos es muy necesario e importante, pero habrá como ya sabes, momentos en tu vida en los que debes buscar las fuerzas dentro de ti, cuando estás solo en casa, cuando vas de camino a un lugar, y sientes deseos de rendirte y dejar todo como está, no siempre tendrás al alcance a una mano amiga que te apoye a no rendirte, es por esto, que debes de buscar dentro de ti la motivación, la cual será ese combustible para seguir adelante, aprovechar como ya te he dicho, esos momentos de estar solo para crear estrategias que te impulsen a seguir adelante.

La Automotivación.

La automotivación o motivación personal te traerá grandes beneficios, puedes mejorar tu calidad de vida al aumentar tu desarrollo personal, no son muchas las personas que tienen esta gran cualidad de motivarse a sí misma, pero si sobreabundan los individuos que triunfan en prácticamente todo lo que se proponen cuando logran desarrollar este potencial.

Pero…

¿Cómo lograr aumentar la capacidad de la automotivación?

Con estos sencillos consejos pretendo ayudarte a que te conviertas en una persona con el nivel de automotivación necesario para cada día, dar el todo por el todo, el 200% de tu capacidad y no rendirte.

- Sé sincero contigo mismo y pregúntate, que es lo que te motiva a querer cumplir esa meta que te propusiste, pareciera ser una pregunta con una respuesta obvia, pero solo así podrás ver con claridad si esa motivación es lo suficientemente fuerte como para impulsarte a alcanzar tus objetivos, piensa en el motivo de tu felicidad, que es lo que realmente te hace feliz, y podrás encontrar una causa auto-motivadora para seguir adelante, te pongo un ejemplo, tú quieres ir con tu hijo a acampar en una montaña porque él es explorador y ama acampar, tú nunca has acampado con él, aunque siempre has querido, es solo que no te sientes en forma como para recorrer kilómetros y kilómetros de una montaña, si en verdad quieres disfrutar de esa experiencia piensa en los momentos felices que has pasado con tu hijo y encuentra en esos recuerdos un motivo para ejercitarte y ponerte en forma antes del día de la excursión.

- Algo contrario a la automotivación es la auto-desmotivación, y es que muchas personas suelen desmotivarse muy fácilmente, debido a que sus metas son muy grandes, aspiran demasiado para lograr en corto tiempo y en un solo intento, si eres de los que aspiras a lo grande, divide como ya te he recomendado, tu meta en varios objetivos cumplibles en un intervalo de tiempo más cercano a la meta final.

- No te compares con los demás, todos somos seres únicos e irrepetibles y todos somos seres capaces de hacer algo, si te pasas la vida comparándote con alguien al que consideras más capaz que tú, nunca vas a lograr nada en la vida y lo peor de la historia, nunca llegarás a ser verdaderamente feliz. Ya lo dijo Albert Einstein...

"Todos somos genios. Pero si juzgas a un pez por su capacidad para trepar árboles, vivirá toda su vida pensando que es un inútil"

Algunas personas pueden que tengan una meta igual a la tuya, y puede que alguien cercano a ti la cumpla mucho antes que tú, pero no puedes dejar que eso sea motivo de desmotivación, solo compárate contigo mismo el día de ayer, y hazlo solo para ver los avances y analizar el porqué de los errores y fracasos para así, poder redireccionar tu estrategia, no para juzgarte, el juzgarte solo te debilitará y te impedirá avanzar.

No olvides por qué comenzaste

¡Ten fe en que llegarás!

¡Mi motivación!, me costó saber que me motivaba realmente, mi vida estaba llena de prejuicios y de etiquetas preconcebidas, creo que ni siquiera sabía que era la motivación, tal vez eso fue lo que llevó a

escribir este libro y contar mi historia, y algunas otras de personas que conozco, muchas veces no es fácil permanecer motivado, te levantas con desánimo, quizás está lloviendo y solo quieres seguir durmiendo, tal vez puedes hacerlo un día, pues la vida es un completo equilibrio, pero si estás realmente motivado volverás al camino porque la motivación es la gasolina que mueve el motor de tu vida, nunca fui tan feliz como cuando encontré la verdadera motivación de mi vida, ¿me caí? Si muchas veces. ¿Tuve dudas de si era el camino correcto? Sí. Claro que las tuve, pero siempre debe haber tiempo para un autoexamen, ¿Me comparaba con otras personas? Sí. Llegue a pensar que mi emprendimiento iba a fracasar porque me comparaba con otras personas que consideraba más inteligentes que yo y habían fracasado.

Pero esto no me impidió avanzar, seguí mi camino saqué de mi mente pensamientos negativos y sobre todo me llené de fe.

Te comparto algunas frases que me han ayudado de emprendedores que han alcanzado sus sueños.

Frases que te motivarán a seguir intentándolo cada día

"Debes hacer las cosas que crees que no eres capaz de hacer" - Eleanor Roosevelt

"Si puedes soñarlo, puedes hacerlo, recuerda que todo esto comenzó con un ratón." - Walt Disney

"Si dominamos nuestra mente, vendrá la felicidad." - Dalai Lama

"Cáete siete veces y levántate ocho." - *Proverbio japonés.*

"La esperanza es el sueño del hombre despierto." - *Aristóteles*

"Un objetivo sin un plan es solo un deseo." - *Antoine de Saint Exupery*

"Para tener éxito, primero debemos creer que podemos hacerlo." - *Nikos Kazantzakis*

"El fracaso es éxito si aprendemos de él." - *Malcolm Forbes*

"El mejor momento del día es ahora." - *Pierre Bonnard*

"El aprendizaje es un regalo. Incluso cuando el dolor es tu maestro." - *Maya Watson*

"Haz una cosa que te dé miedo al día." - Eleanor Roosevelt

"Nunca eres demasiado viejo para tener otra meta u otro sueño." - *C.S Lewis*

APRENDIENDO DE MI PASADO

En tu pasado, como en el de todas las personas, ocurrieron acontecimientos felices que vale la pena no olvidar; sin embargo, también se encuentran una lista de sucesos y eventos que te causaron mucho daño marcando irremediablemente tu presente de una forma negativa, no obstante está en ti la decisión de si esos fantasmas del pasado te seguirán atormentando en el futuro, el pasado ya es historia y nada puedes hacer por cambiarlo, de lo que si tienes el poder, es de levantarte y seguir adelante, no puedes vivir tu vida cargando con todos los traumas y miedos por lo acontecido.

Paul...

De mi pasado había tantas cosas que curar, de verdad no sabía cuánto, desde pequeño tuve una familia estable, muy unida, vivía con mis padres, hermanos y abuela, pero no todo es color de rosa, pues, sufrí de muchos problemas emocionales, los cuales han sido por años culpables de mi estancamiento. Cuando estaba pequeño, me decían que era un torpe, no sabía hacer nada, eso de conocer otros paisajes eran para mujeres y bohemios vagos. Y un sinfín de etiquetas, entre ellas comparaciones con mis hermanos primos y vecinos. Todo esto me causó una muy baja autoestima, y un sentimiento de culpa que no me dejaba crecer, era obvio, pues, si son tus padres lo que te dicen estas cosas y eres un niño vas a creerles y eso queda grabado en ti. Yo pensaba que era yo el del problema y que con algo malo debí nacer.

Cuando vivimos encerrados en los acontecimientos tristes de nuestro pasado, porque alguien nos hizo daño, y aún más, si ese alguien es parte de nuestra familia, tendemos a victimizarnos y podrán pasar una cantidad de años, pero siempre vamos a atribuir, nuestros nuevos errores, o el hecho de que no seamos prósperos o fracasemos en algo, a ese pasado...

Somos las víctimas y decimos frases como:

"Es que mi papá me dijo que..." y alguien pudiera preguntarte, pero...

¿Qué edad tienes tú?

Y tú decirle:

- 70 años...

¿70 años?

Y aún sigues en ese daño de lo que te hizo tu padre con esas palabras. Pues déjame decirte que a estas alturas de tu vida y ni siquiera si tienes 30 años, ya es culpable tu padre, ahora eres tú el culpable, el que debe tomar las riendas de tu vida.

¡Deja ir el pasado! ¡Ya basta de victimizarte!

Llegó el momento que no sabía qué hacer, me sentía estancado en el trabajo que tenía, sentía que le faltaba algo a mi vida, pero eso era lo que me habían enseñado... hasta que empecé a leer, y me di cuenta de que sufría de victimización que ya nada ni nadie eran culpables de la vida que llevaba, y para completar la situación descubrí que mis padres tampoco hicieron eso por maldad, solo querían sacar lo mejor de mí, solo que utilizaron la técnica equivocada, tal vez la única que sabían. Los perdoné y me perdoné, así comencé una nueva vida.

También ocurre muchas veces que ese pasado es producto de nuestros propios errores.

El ser humano, cuando es víctima de un pasado tormentoso a razón de errores propios y no ha sido capaz de perdonarse, vive las consecuencias en el presente. Los seres humanos inestablemente emocionales siempre están buscando a quien responsabilizar de todo lo que les acontece, y consideran una desgracia cuando son conscientes de no existir a quien culpar, debido a que el error fue propio, suelen sufrir mucho más, es como si el tiempo se hubiera detenido en el mismo instante de cometer ese error y lo dejó atrapado en una burbuja permanente sin poder salir de ella.

La única manera de salvar emocionalmente nuestro presente y nuestro futuro es haciendo las paces con el pasado, todo lo negativo que nos ocurrió, solo sirve para aprender, todas las malas decisiones tomadas por más consecuencias trágicas que hayan ocurrido te deben servir para no cometer los mismos errores y mirar con confianza el futuro, porque aprendiste y con cada lección has crecido más. Entonces, ¿qué puedes hacer? Aprende de tus errores y sigue adelante confiando en tu capacidad de no tropezar de nuevo con la misma piedra, y de ser instrumento de bienestar para otros que pueden aprender de tu mala experiencia.

Al cometer un error y ser conscientes de él, tenemos dos opciones y cada opción traerá una o varias consecuencias; tú puedes autocriticarte y autojuzgarte, con lo cual solo conseguirás atascarte, no aprender nada de lo que te tocó vivir y afectar considerablemente tu presente y tu futuro y el de los que te rodean, o puedes tomar la oportunidad de aprender de tu error crecer y cambiar.

En la vida a veces te toca enfrentar situaciones complicadas y más de una vez tomarás decisiones equivocadas, de esto precisamente se trata la existencia del ser humano, no obstante, no son tus errores los que, te definen o los determinantes de tu futuro, sino más bien la actitud que, tomes ante tus fallas y tropiezos.

Las personas que son muy duras consigo mismas y les cuesta perdonarse sus errores, son generalmente menos felices, ven limitada su libertad y cada actividad del día les parece una prueba en vez de ser una vivencia o una aventura, generalmente este tipo de personas no salen de su zona de confort, por lo cual, siempre se privan de experimentar algo nuevo. Cuando no logran perdonarse un error permanecen en ese lugar de dolor porque esto les parece más razonable y aceptable que perdonarse. Se autocastigan y este autocastigo significa no continuar con sus vidas.

Hoy quiero decirte que los errores son parte del camino de la existencia, es sumamente necesario que aprendas a quitar de tu mente la concepción de asociar los errores con la incapacidad o con el fracaso, debes convencerte de que nadie puede vivir la vida sin cometer errores, y las personas emocionalmente inteligentes aprenden de ellos, si crees, que cometiste un error el cual no te puedes perdonar, déjame decirte algo: ¡Si no te perdonas, solo estarás propiciando quedarte por el resto de tus días en ese error, no habrás aprendido ni crecido!

¡Cometer un error es un paso previo a un aprendizaje!

- Cuando repruebas un examen, la tarea es hacerte consciente de en donde fallaste, si debes cambiar tu método de estudio o si tu temario no estaba completo, entre otras causas que pudieron originar que reprobaras y no sabrás si te quedas atascado sufriendo por el error. Lo cual al final puede costarte incluso la asignatura, si no te centras en descubrir los errores cometidos en la prueba anterior.

- Dejar un trabajo porque no te sentías feliz en él, no significa que fracasaste, sino por el contrario, pronto encontrarás otro más acorde a tus requerimientos.

\- Las rupturas amorosas si crees que surgieron por un error del cual te responsabilizas a ti mismo, por muy insuperable que pueda parecerte, te ha de haber dejado una enseñanza y con toda enseñanza y/o experiencia crecemos.

La lista de errores que cometemos los seres humanos es infinita, porque como reza el dicho, cada mente es un mundo; es decir, todos somos diferentes y capaces de equivocarnos de mil maneras, pero si logras modificar tu punto de vista, en tu realidad, ten por seguro, que a su vez también se dará un cambio, todo esto como resultado de la forma como empiezas a reconocer que eres humano y aprendas a perdonarte por tus errores.

Entonces…

Acepta el error como parte de la existencia, elimina de tu mente los pensamientos perfeccionistas e inflexibles con los que te tratas tan duramente, todos los seres humanos hemos cometido y cometemos errores, tú no eres la excepción, integra el error como parte de tu vida, aprende de él, y sigue adelante con más fuerza, porque has crecido.

Aprovecha tus errores para impulsarte, de todo error o equivocación debes sacar alguna enseñanza, un error no lastima para que sufras, un error ha de dolerte para generar un cambio en ti, analiza el mensaje que se encuentra detrás del error, piensa en: ¿qué fue lo que sucedió?, ¿Cuál parte fue tu responsabilidad o error?, ¿Qué debiste haber hecho? Incorpora lo que aprendiste a tus pensamientos, asegúrate que quede muy grabado en tu mente.

Asume tu parte, muchas veces culpabilizamos a los demás de lo que es, aunque sea parcialmente nuestra culpa, cuando somos adultos y adoptamos una actitud de víctima, nos volvemos venerables ante las circunstancias, ante nosotros mismos y ante los demás, perdónate y perdona a su vez a los demás por la parte que les corresponde, no en todo lo que te pasó, guardar rencor, no te ayudará en nada, te dejará preso en el instante del inconveniente.

Cuando aceptes que el pasado no se puede cambiar, y no puedes volver allí para evitar cometer los mismos errores, harás las paces con tu futuro, al igual que tu pasado y sus errores han marcado tu presente, tu presente marcará tu futuro, del día de mañana no sabemos nada es como una hoja en blanco, pero lo que hagas en tu presente determinará tu futuro.

No puedes permitirte arrastrar a tu futuro más dolor del que ya te ocasionaron los errores de ayer y de hoy.

"La mejor manera de predecir el futuro es crearlo" - *Peter Drucker*

Aprende de tu error, perdónate y sigue adelante.

Casi Milagros

Deja ya de cargar con ese peso
Ya verás
Se acaba el mal momento

Deja entrar
Que ser claro te defina
Y al final solo aquello que sentimos durará

Deja ya
Los problemas que te deprimen
Brilla más y has que todo se ilumine
No importa que
Tenga yo que ser tu apoyo
Está bien
Lo que sientes es la única verdad
La vida es...
Es un instante... De maravilla
Que nos hace cambiar
Y el tiempo se va en los instantes... Los instantes
No se van... Lo que haga mal
Se puede corregir
Más no voy a olvidar aquello que sentí

De la película animada la familia del futuro

Tus errores del pasado deben servirte de enseñanza para vivir tranquilo en el presente y motivarte a seguir adelante a ese futuro en el que debes colocar toda esperanza de cumplir tus sueños, sin olvidar que la verdadera felicidad la encontramos en el camino, y el camino es siempre tu presente.

Aprovecha cada momento en el que estés solo, para hacer la paz con tu pasado y motivarte a construir un futuro anhelado...

TURBULENCIA

La vida es como las teclas del piano,

Las blancas son los momentos felices,

Las negras los momentos difíciles,

Pero juntas tocan la mejor melodía.

Tu vida

Es un hecho común que al atravesar por una situación difícil o turbulenta no podamos avanzar, no obstante, aunque tengas que hacer grandes esfuerzos, es muy necesario y oportuno no detenerse, no importa cuán lento avances, lo importante, es que no te paralices y dejes de avanzar, siempre buscando dentro de ti, esa razón, que te motive a continuar adelante, las ocasiones en las que nos encontramos turbados o intranquilos representan una gran oportunidad para conocernos mejor; es decir, conocer como reaccionamos frente a las adversidades, el lado bueno de cada dificultad es...

¡Cuando logras vencerlas estás creciendo como persona!

No existe la menor duda de que una vida fácil y cargada de comodidad destruye o paraliza tu crecimiento personal.

Es necesario un poco de ruido para poder valorar el silencio

Las dificultades nos ayudan a crecer, cuando tenemos problemas debemos tomar decisiones y ante cada decisión debemos asumir las consecuencias que trae consigo, si fueron malas, entonces debemos aprender una lección, perdonarnos, pedir perdón si hemos afectado a alguien y seguir adelante.

Las tormentas por las que en ocasiones atravesamos, no deben ser vistas como un castigo de Dios para destruirnos, estas situaciones tormentosas son el plan de Dios para que te desarrolles más como persona, Él sabe todo el potencial que se encuentra dentro de ti, y cada situación tormentosa tiene su enseñanza para quien le tocó vivirla.

"A veces las bendiciones de Dios no son lo que nos da, sino, lo que nos quita"

Como humanos estamos expuestos a dos tipos de situaciones tormentosas:

Cuando la tormenta está en lo profundo de tu ser...

Muchas personas temen estar tiempo a solas, porque dentro de sí existe mucho ruido que no quieren escuchar, todo este ruido es producto de errores, que no han logrado perdonarse, si este es tu caso, debes analizar la situación

¿Qué es eso que no te deja estar tranquilo?

Si es parte del pasado, lo más probable es que no puedas hacer nada para enmendarlo, no obstante, esto no significa que debas ser infeliz el resto de tu vida, al contrario, tú ya eres consciente de tus fallas, fuiste a tu pasado, ahora reconcíliate con él, perdónate, e impúlsate para adelante.

¡Tu vida comienza hoy!

Como dijo un personaje de un clásico animado de la compañía Disney

"El pasado puede doler, pero como yo lo veo tienes dos opciones huir de él o aprender de él"

Si decides huir, él va a perseguirte el resto de tu vida y experimentarás en muchas ocasiones sus estragos, si por el contrario, decides aprender de la situación vas a crecer y seguir adelante.

"Volverás a sonreír, pero con mejor sonrisa Porque aprendiste a vivir Aún con lágrimas"- Martín Valverde.

Cuando la tormenta está fuera de ti...

"No importa cuánto llueva afuera si hace sol dentro de nosotros"

Las tormentas por las cuales en ocasiones debemos atravesar en la vida nos brindan una excelente oportunidad para encontrar la felicidad dentro de nosotros, en nuestros sueños, en el ver a las personas que tenemos cerca, en llamar a las personas amadas y por alguna razón no están tan cerca. En fin, hacer un inventario de todo aquello que nos ayuda a ser felices.

Ya lo dijo Antoine de Saint Exupery en su obra literaria, E*l Principito*

"Todo desierto esconde un oasis"

Es tu deber por ti, por tus seres queridos, encontrar ese oasis y ser feliz, y una gran verdad...

"Los problemas pesan menos al día siguiente de la tormenta"

Cuando atraviesas por momentos difíciles debido a que se te avecina situaciones complicadas, una tras otra, es importante no dejarte desfallecer, tú eres una persona capaz de sobrevivir a cualquier tormenta, nadie recibe una carga más grande de la que es capaz de soportar.

Solemos exclamar.

¡Me está lloviendo sobre mojado!

La pregunta es…

¿Este tipo de pensamientos va a cambiar la situación por la que atraviesas?

"La vida no es la forma en que se supone que debe ser, sino que es lo que es. La forma en la que le haces frente es lo que marca la diferencia" - Virginia Satir.

Consejos Para Sobrevivir La Turbulencia

* Desconéctate del problema por intervalos de tiempo, si estás sufriendo de problemas en tu trabajo, cuando llegues a casa, olvida los problemas del trabajo, disfruta de tu familia, ve una película que capte tu atención, comienza a leer un libro, juega con tu mascota, en fin, busca olvidar los problemas que dejaste en el trabajo.

Es probable que tengas que pelear una batalla más de una vez para poder ganarla. – Margaret Thatcher

* Medita, un rato no pienses en los problemas, piensa en cosas bonitas, en tus proyectos, en tus sueños, llénate de pensamientos positivos, si crees en Dios lee algún pasaje de la biblia que te guste, ora, canta, en fin, utiliza, aunque sea un breve instante del día para hacerle saber a tu mente que todo va a estar muy bien. Ya dice un dicho muy conocido.

"Al final todo estará bien, si aún no lo está es porque aún no es el final"

* Ejercítate, no se trata de someterte a una jornada de ejercicios extremos, se trata de salir a caminar o a correr, si lo prefieres puedes ir al gimnasio, cuando tu cuerpo se ejercita libera endorfinas, lo cual ayuda a expulsar el enojo o la tristeza de tu cuerpo.

* Encuentra las cosas buenas que existen detrás de la situación tormentosa, quien puede ver un arcoíris en medio de una tormenta, imagínate lo feliz y tranquilo, que estará cuando todo pase y vea brillar el sol nuevamente.

"Es durante nuestros momentos más oscuros cuando debemos centrarnos en ver la luz" - *Aristóteles*

* Realiza mejoras en tu vida, si debido al mal momento que estás pasando te sientes muy presionado en tu trabajo o en tu casa, intenta cambiar algunas situaciones, posiblemente esta

situación te esté mostrando, que donde estás trabajando ya no es el lugar adecuado para ti, o posiblemente debas mejorar las relaciones con tu familia.

Si es importante para ti y quieres hacerlo "eventualmente", solo hazlo y corrige el curso sobre la marcha. – Tim Ferris

* Busca apoyo en personas positivas, si las cosas no andan bien lo peor que puedes hacer es bajar los ánimos, por eso no te rodees de personas expertas en desmotivación o en ver el lado oscuro de las cosas, por el contrario, habla con aquellos familiares y amigos que siempre saben ver el lado bueno de las cosas.

Fracasa seguido para que puedas tener éxito pronto. – Tom Kelley

* No tomes nada personal, no eres la primera ni la última persona que tiene una racha de malos eventos consecutivos, si te victimizas, no vas a poder estar atento para comprender lo que la vida quiere enseñarte, no vas a poder entender si te has equivocado en algo ni mucho menos podrás enmendar la situación que te trajo la situación problemática.

Si eres capaz de navegar en medio de la tempestad, creces interiormente y aprendes valiosas lecciones de la vida, la más importante, valorar la felicidad, además de ganar sabiduría y fuerza interior.

Existen en la psicología una terapia denominada *afirmaciones positivas,* se trata de elaborar frases positivas y acordes a tú necesidades y repetírtelas varias veces al día hasta hacer a tu mente inconsciente tu aliada en la lucha por aquello que te propusiste, en otras palabras, es una frase que eliges grabar en tu conciencia con el objetivo de lograr un resultado mental deseado, su beneficio consiste en lograr un cambio en tu conducta y actitudes mentales. Si tú no te convences a ti mismo de lo que eres capaz de hacer, de superar o de alcanzar, no podrás hacerlo jamás.

Viene al caso la ilustración de si un alpinista que decide escalar una alta montaña solo y estando arriba desprovisto de toda compañía y en conocimiento de que se aproxima una tormenta, debe abandonar ese lugar inmediatamente, no importa si toda su familia, amigos y vecinos lo creen capaz de regresar, si el mismo no se cree capaz no lo va a lograr.

Volviendo al tema de las *afirmaciones positivas* cuyo principal objetivo es sustituir tus pensamientos negativos por pensamientos positivos, existen diferentes maneras de utilizarlas, puedes escribirlas varias veces al día, puedes leerlas varias veces al día, puedes grabarlas con tu voz y escucharlas varias veces al día, en fin, tienes muchas posibilidades de luego de crear tu frase capaz de ayudarte en momentos difíciles, hacerla llegar a tu mente inconsciente.

Cuando usas tus frases positivas por primera vez, es posible pensar que es algo sin sentido, pero créeme tu mente tiene mucho poder y en ella vive tu peor saboteador, esa voz susurrante, que te habla diciendo…

¡Las cosas nunca van a mejorar!

¡Tú nunca cambiarás!

¡Nunca lograrás lo que te propongas!

Esa voz la cual es consecuencia de heridas del pasado y del haber escuchado frases desmotivadoras gran parte de tu vida, solo la apaciguarás con pensamientos positivos.

¡Así funciona la mente humana!

Nuestra mente inconsciente tiene el control y se programó con información que ha retenido a lo largo de toda nuestra vida, inclusive antes de nacer, la buena noticia es que tú puedes desprogramar los pensamientos negativos, haciendo uso de pensamientos positivos, contrarrestando los negativos.

Ejemplo de frases positivas:

Si estás presentando muchos problemas financieros y por ello no puedes avanzar en ahorrar un dinero necesitado por ti para algún proyecto, puedes elaborar frases tal como:

- ¡Voy a obtener el aumento de sueldo que necesito!

- ¡Este proyecto resultará para mi bien y el bien de los míos!

- ¡Todo va a salir bien!

- Soy perfectamente capaz de conseguirlo

- Hoy será un día próspero

- Nací para ser feliz

Ejemplo de frases utilizadas para lograr una meta:

- ¡Hoy va a ser un buen día!

- ¡Soy inteligente y creativo!

- ¡Me amo, me acepto y me perdono!

- ¡Yo quiero! ¡Yo puedo! ¡Yo voy a hacer todo lo que me propongo!

- ¡Yo lograré ese proyecto este año!

- ¡Yo lo puedo lograr!

- ¡Nada es imposible

Recuerda siempre querer lograr una meta, vencer un desafío, esto es bueno y vital, pero lo aprendido en el camino al cumplimiento de lo propuesto es en realidad el detonante de tu crecimiento, y cuando atravesamos aguas turbulentas sin duda estamos volviéndonos más fuertes.

El dolor es temporal... Cuando el dolor se va, otro sentimiento tomará su lugar, si te das por vencido, el dolor durará para siempre...

Quiero decirte, que inclusive en las situaciones más retadoras puedes encontrar algo que te haga sonreír, no te enfoques solo en lo malo. Reír es una gran terapia para curar muchas enfermedades, mientras estés emocionalmente sano podrás afrontar los problemas con más claridad.

Después de la tormenta siempre llega la calma, por muy oscura que sea la noche, siempre vuelve a amanecer, los problemas siempre pesan menos al día siguiente.

La vida es 10% de lo que te sucede y 90% cómo reaccionas ante ello. – John Maxwell

Si lo que quieres tarda en llegar, sería muy egoísta pensar que estás perdiendo tus días o tu vida, en realidad: "Un día perdido es aquel día en el cual no has sonreído"- Charles Chaplin.

Aun en tus peores días tienes a tu lado a gente maravillosa, que te ama en tus altas y en tus bajas y merecen conocer a la mejor versión de tu persona, para ser esa versión no puedes esperar que las circunstancias te lo concedan, debes tú mismo vencerte y ser quien debes ser.

Solo hay dos maneras de vivir tu vida: Como si nada fuera un milagro. La otra, como si todo fuera un milagro. – Albert Einstein.

Si un momento difícil se prolonga demasiado tiempo, cuenta con esta maravillosa herramienta.

La Resiliencia es una destreza de autoprotección y autoregeneración que nos permite superar la adversidad. En momentos de dificultad es muy normal sentir de sobremanera emociones negativas, esto conlleva a ver todo más complicado, más oscuro, a pesar, que nada tiene sentido ni solución. La resiliencia es esa herramienta adecuada para hacer de esos momentos una oportunidad para fortalecernos y crecer, esto es, no negando los aspectos negativos, sino más bien aceptándolos como parte de nuestra existencia y superándolos basándonos en como ya te he dicho, los aspectos positivos de cada situación y así extraer la enseñanza.

¿Cómo logro ser una persona Resiliente?

- En las situaciones adversas imagina dos escenarios. El mejor de los casos y el peor de los casos. El mejor de los casos te brindará alivio y bienestar, lo cual te liberará de las emociones negativas. El peor de los casos te ayudará a generar soluciones y estrategias de seguridad ayudándote a ver el arcoíris en la tormenta; es decir, hasta al peor de los problemas le podemos extraer algo positivo.

- Cuando atravesamos momentos complicados, solemos solo centrarnos en esa situación y descuidamos otros aspectos básicos e importantes de nuestra vida, tú debes proteger los otros aspectos de tu vida, no puedes abandonar a tu familia y amigos solo porque estés pasando momentos duros en el trabajo, no puedes abandonar el trabajo o hacerlo mal, solo porque en tu vida emocional ocurriera algún evento desfavorable, debes proteger el resto de tu vida.

- Apóyate en todo lo que sabes que te brindará seguridad, tu familia, amigos, alguna actividad, en todo lo que te hace sentir bien, esto no desaparece la situación, sino que te enseña a vivir en ella.

- No descuides tus rutinas, no permitas que una mala situación cambie tu vida por entero, mantener la rutina brinda una sensación de control de tu vida.

Cambia lo que puedas cambiar y no te angusties por lo que no puedes, lo invariable, aquello sobre lo que no tienes el control, solo te generará perder energías, si tratas de modificarlo, acepta, aprende y continúa viviendo.

Cuando superas una situación desfavorable, aprendes y creces, luego de esto ves la vida con más madures y más experiencia, no en vano crearon el refrán: "Más sabe el diablo por viejo que por diablo", cuando has pasado por muchas cosas, aprendes muchas cosas, sobre todo, aprendes a vivir, por eso no temas las situaciones turbulentas.

La calma siempre vuelve…

Aprovecho esta breve pausa antes de continuar con el siguiente capítulo para pedirte un minuto de tu tiempo.

Si este libro te está siendo útil, te agradecería enormemente que dejaras una reseña.

¡Gracias por tomarte el tiempo!

Tu reseña realmente significa mucho para mi...

VIVIENDO COMO RICO

Cuando hablamos de una persona millonaria, generalmente imaginamos a alguien que posee mucha abundancia monetaria, pero la realidad es una totalmente diferente, ser millonario va mucho más allá de tener mucho dinero. El hecho de querer ser millonario o rico solo por tener gran abundancia monetaria es equivalente a querer comer y comer para mañana no sentir hambre, una persona podría ganarse la lotería hoy y despilfarrar todo su dinero en vicios, esta persona, aunque en un momento dado tuvo mucho dinero, nunca fue un millonario, el dinero tiene en realidad un valor subjetivo, su valor depende del uso que la persona que lo posee en ese momento le quiera dar.

Cuando se habla de millonarios en realidad se denota a personas con bienes, si estás haciendo referencia a lo material, entonces es millonario alguien que posee bienes materiales, terrenos, inmuebles entre otras propiedades, no necesariamente dinero en los bancos, ahora bien se puede poseer muchos bienes y bienes de producción, que genere a un individuo mucho más del dinero que este necesite para vivir el resto de su vida, pero igualmente puede ser una persona no rica, ya que la riqueza o la pobreza depende de la persona que lo experimenta, así una familia con una casa en donde tenga solo los muebles básicos y en donde solo trabaje el padre de la familia y su sueldo solo alcance para lo estrictamente necesario, pueden sentirse más afortunados que un hombre de negocios que viva trabajando de domingo a domingo y tenga que viajar por el mundo, pero no tenga tiempo de conocer ni los aeropuertos, no tenga familia y no se relacione con sus parientes por no tener tiempo ni de hacer una llamada.

Emocionalmente hablando, el padre de familia es mucho más rico, en comparación a este hombre de negocios.

Disfruta las pequeñas cosas, porque un día podrías mirar atrás y darte cuenta de que eran las grandes cosas. – Robert Brault.

De nada te servirá tener mucho dinero si no sabes en donde radica la felicidad. Las verdaderas personas ricas o millonarias son aquellas que disfrutan de los momentos buenos, que le da la vida y aprenden de las malas experiencias, indistintamente de la cantidad de dinero, que posean. Puede ser, que en tu vida no sobren los lujos, bienes materiales o dinero, pero mientras tengas a una familia por quien luchar, que te ama y te valora por quien eres, te sobren las ganas de vivir y de dar cada día lo mejor de ti para el bienestar de tu familia y el tuyo propio, mientras tengan estabilidad emocional y no les falte a ninguno de los tuyos los bienes necesarios para su sustento, puedes considerarte una persona millonaria.

Siempre hemos de estar motivados a ser mejor cada día, saber que Dios nos regaló esta vida para ser felices y amarnos los unos a los otros, nos rodeó de gente maravillosa a la cual llamamos familia y amigos, tenemos mil razones para ser felices.

"La razón por la cual he podido ser tan exitosa financieramente se debe a que mi enfoque jamás, ni por un minuto, ha sido el dinero"- Oprah Winfrey.

Muchas personas sufren de algo denominado pobreza mental, consiste en no poder ver todas las cosas buenas que tienen en la vida, así por ejemplo, un hombre podría poseer una familia, casa propia, un trabajo con un buen sueldo, para pagar las necesidades básicas de todos, pero cree que es pobre porque no puede realizar el viaje de sus sueños, trata de ahorrar frustradamente porque siempre debe gastar los ahorros en necesidades urgentes de su familia, entonces termina en una guerra consigo mismo y con las personas que lo aman, aunque le aumentes mil veces el sueldo a una persona así, no va a poder ser feliz; de hecho, no podrá serlo ni aunque logre el viaje que añora, porque no sabe ver las cosas buenas que él tiene.

"Cuanto más posee el hombre, menos se posee a sí mismo"- Arturo Graf

Te compartiré dos anécdotas que dicen ser de la vida real, tal vez alguna de ellas solo sea una leyenda urbana, pero te reflejará la realidad de lo equivocado que podemos estar cuando pensamos en lo que significa ser millonarios.

1. El hombre más rico

Un hombre chino verdaderamente rico envió a su hijo a la zona rural para que experimentara la pobreza. Su hijo vivió con una familia durante 3 días y cuando regresó a casa tuvo la siguiente conversación con su padre.

El padre preguntó:

- Entonces, ¿cómo te fue?

A lo que el niño le respondió:

- Creo que muy bien

¿Y encontraste alguna diferencia entre su casa y nuestra casa?, preguntó el padre.

- ¡Guao!, un montón… dijo emocionado el niño.

Y siguió… Nosotros tenemos un perro, pero ellos tienen cuatro.

Nosotros saneamos el agua de nuestra piscina, pero ellos tienen un gran estanque con agua fresca y clara donde viven incluso peces…

Tenemos bombillas en el jardín mientras que la luna y las estrellas iluminan sus campos por la noche.

Nuestro jardín está limitado por vallas, pero el suyo es ilimitado. Se extiende desde el horizonte hasta el cielo…

Nosotros escuchamos música de vuelta a casa. Ellos, sin embargo, escuchan el canto de los pájaros y otros sonidos de la naturaleza...

Nuestra casa está rodeada de muros, pero ellos siempre reciben a sus amigos porque sus puertas siempre están abiertas...

En la ciudad, los teléfonos móviles y los ordenadores nos conectan. Allí, la gente está estrechamente conectada con la naturaleza y sus familias...

El padre no podía creer lo que su hijo le estaba diciendo.

¡Papá, gracias por dejarme saber lo pobres que somos en realidad! dijo el hijo.

"Hay gente tan pobre que solo tiene dinero"- Rodolfo Costa

En la siguiente anécdota se refleja el hecho de que aún sin tener dinero, no debemos sentirnos pobres como para poder ser generosos con los demás, si esperas a tener dinero o bienes para ayudar a otros, entonces no los ayudarás ni cuando lo logres.

2. El valor de un periódico

"En una ocasión, alguien le preguntó al multimillonario Bill Gates:

- ¿Hay alguien más rico que tú en el mundo?

A lo que Gates respondió:

-Sí, hay una persona que es más rica que yo.

Y, antes de revelar su nombre, narró la siguiente historia.

La historia que os voy a contar, me sucedió hace mucho tiempo, cuando no era rico ni famoso. Estaba en el aeropuerto de Nueva York esperando para coger un vuelo cuando vi a un vendedor de periódicos. Quería comprar un periódico, y cogerlo y meterlo en mi maletín, descubrí que no tenía suficiente cambio para pagarlo. Entonces, se lo devolví al vendedor. Y le expliqué que no tenía el cambio.

El vendedor dijo:

- "No te preocupes, te lo doy gratis".

Le dije que no era necesario, pero insistió y yo, finalmente, acabé cogiendo el periódico.

Casualmente, después de 2 a 3 meses, aterricé en el mismo aeropuerto y nuevamente me faltaba el cambio para comprar el periódico.

El vendedor me ofreció el periódico nuevamente. Me negué y le dije que no podía aceptarlo porque en esa ocasión tampoco tenía cambio.

Él dijo:

- "Puedes cogerlo, estoy compartiendo esto de mis ganancias, no estoy perdiendo nada".

De nuevo, me llevé el periódico sin pagar nada a cambio.

Pasaron casi 20 años y me hice famoso y conocido por la gente. De repente, me acordé de ese vendedor. Comencé a buscarlo y después de meses de búsqueda, al fin, lo encontré en una calle.

Me acerqué hasta él y le pregunté:

- *¿Me conoces?*

-Sí, claro, eres Bill Gates, dijo el vendedor.

Le pregunté de nuevo:

- *¿Recuerdas una vez que me diste un periódico gratis?*

El vendedor dijo:

-Sí, lo recuerdo, te lo di dos veces.

Entonces le dije:

-Quiero pagar la ayuda que me diste esas dos veces. Dime qué es lo que más quieres en la vida y te lo daré.

El vendedor dijo:

- *Perdone señor, pero ¿no cree usted que al hacerlo no podrá igualar mi ayuda?*

Yo no entendía nada de lo que quería decir el vendedor, cómo no iba a poder igualar el valor de un par de periódicos, y le pedí que me aclarará esa afirmación.

-Yo te ayudé cuando era un pobre vendedor de periódicos, me dijo el vendedor, y ahora estás tratando de ayudarme cuando te has convertido en el hombre más rico del mundo. ¿Cómo crees que tu ayuda puede igualar la mía?

Ese día me di cuenta de que el vendedor de periódicos era más rico que yo porque no esperó para hacerse rico para ayudar a alguien, concluyó Gates".

Cuando somos generosos atraemos bienestar, el solo hecho de saber que estamos ayudando a alguien, brinda una satisfacción emocional incomparable con grandes cantidades de dinero, sin embargo, la vida siempre retribuye el bien que hacemos en numerosos beneficios, incluidos bienes materiales, alguien una vez se atrevió a decir...

"Si los egoístas supieran los bienes que se obtienen cuando somos generosos y que lo que damos se multiplica, serían generosos por pura ambición"

Entonces...

¿Realmente que significa ser millonario?

Puede ser que alguien posea una importante cantidad de bienes y de dinero, pero puede no sentirse millonario, de ser rico a sentirse así, existe un trecho grande, ya te lo decía anteriormente, puede ser, que un hombre dependiente de su sueldo se sienta el hombre más rico del mundo a diferencia de un ejecutivo financiero, que a pesar de tener varias cuentas bancarias, apartamentos y hasta yates se sienta un desdichado y no pueda estar ni cinco minutos sin trabajar ni solo, porque entra en depresión, entonces podrías preguntarte para qué tantos bienes materiales si es incapaz de gozar de alguno de ellos.

Supongo que si realizamos una encuesta todos o casi el 98% de los encuestados estará de acuerdo en que sentir que eres rico, se traduce en poder ir a dormir tranquilo, en el disfrute del día, sin andar corriendo de aquí para allá, detrás de tus inversiones, en el disfrute del tiempo con las personas amadas, en comer tranquilo, en tener tiempo de ocio, tiempo para hacer tus oraciones, para meditar, para ejercitarte físicamente, tal vez me estoy extendiendo mucho en las actividades, pero para resumir.

Una persona es verdaderamente rica sin importar cuantos bienes materiales tenga, sean muchos o sean pocos, si y solo si es feliz con lo que tiene.

Alegrarse de nuestros logros y del logro de los que nos rodean, aunque parezcan pequeñas o insignificantes, es suficiente para sentirnos afortunados, si no aprendes a alegrarte y a valorar lo poco, tampoco vas a poder valorar lo grande, será como si siempre vieras el vaso medio vacío, mientras un rico en verdad, un rico de mente y alma siempre lo va a ver medio lleno.

Es momento de educar tu corazón y tu mente para aprender a valorar lo que tienes, si es mucho, agradecer por ello, si es poco, también agradecer por ello, así habrás alcanzado la verdadera riqueza porque has aprendido a ver el lado bueno de la vida.

La felicidad es interior y no exterior. Es por esto que no depende de lo que tenemos, sino de quién somos. – Henry Van Dyke.

Algunos consejos para vivir como rico, sin importar la cantidad de dinero que poseas.

La actitud es algo primordial en todo lo que te propongas en la vida.

Como ya te expliqué anteriormente, muchas personas sufren de algo llamado pobreza mental, es importante, aunque no poseas muchos ingresos, que tu mentalidad sea de rico, para ello es ideal sacar el mayor provecho de lo que tienes.

- Sal a pasear más con tu familia, no tener dinero no impide dar una vuelta por un parque e incluso organizar un picnic.

- Si está a tu alcance, sal a comer con tu familia a un restaurant, aunque sea una vez por mes. Esto ayudará a derrotar el espíritu de pobreza que quiere derrotarte.

- No te quejes tanto, si rayas el carro, si se te espicha un caucho, el quejarte es asumir la derrota de que no podrás reparar lo ocurrido, sigue adelante, aunque tengas tu carro rayado.

- No dejes de soñar con el mañana, muchos dicen... "El pasado fue mejor, son tiempos difíciles" repítete como San Agustín, sean ustedes mejores y vendrán tiempos mejores.

Para vivir como millonario no necesitas tener muchos bienes monetarios, pero si necesitas bienes emocionales.

Ser lo suficientemente inteligente para entender, que la vida es cuestión de cómo piensas. Si piensas como pobre, aunque seas multimillonario, serás pobre, si piensas como rico, aunque casi no tengas ingresos serás rico.

Todo se traduce en saber disfrutar de a quienes tienes y lo que tienes.

LA LÁMPARA MARAVILLOSA

... *Pero apenas había empezado a frotarla, cuando surgió de pronto ante ella, sin saberse de dónde había salido, un genio que se inclinó ante él y dijo con voz ensordecedora:*

"¡Aquí tienes entre tus manos a tu esclavo!

- ¿Qué, quieres?

Habla.

- ¡Soy el servidor de la lámpara, en el aire por donde vuelo y en la tierra por donde me arrastro!

Y la cogió con firmeza entre los diez dedos, y dijo al efrit:

"¡Oh servidor de la lámpara! ¡Tengo mucha hambre, y deseo que me traigas cosas excelentes...!

Y el genio desapareció al punto, pero para volver un instante después, llevando en la cabeza una gran bandeja de plata maciza, en la cual había doce platos de oro llenos de manjares olorosos y exquisitos al paladar y a la vista, con seis panes muy calientes y blancos como la nieve y dorados par en medio, dos frascos grandes de vino añejo, claro y excelente, y en las manos un taburete de ébano incrustado de nácar y de plata, y dos tazas de plata.

Anónimo
Las mil y una noches

Este cuento pertenece a la colección de las mil y una noches, y relata la historia de un joven muy pobre que es engañado por un brujo malvado que se hace pasar por su tío, para que lo ayude a recuperar una lámpara en una cueva mágica.

Después de que el supuesto tío lo traiciona intentando quitarle la lámpara y dejarlo en la cueva para siempre, Aladino, como se llama el joven, se queda con la lámpara cuyo genio le concede tres deseos, entre ellos, pide ser rico para poder casarse con la princesa.

Pero no todo es color de rosa, porque el brujo se da cuenta de que Aladino sobrevivió y que tiene la lámpara, se la quita y este vuelve a ser pobre. Para luego salir vencedor y recuperar lo perdido...

Quien no ha escuchado alguna vez sobre este relato del genio de la lámpara, aquel genio habitante de la lámpara de las maravillas.

La persona que la encontrase y frotase era dueño de tres deseos, siempre pensé lo maravilloso que sería encontrar esa lámpara, yo particularmente pensaba que al tener esos tres deseos lo primero que pediría era tener una gran fortuna, y de esta manera ya no necesitaría los otros dos deseos.

Este cuento es un ejemplo de transición de pobreza a riqueza, un viaje de la infelicidad a la felicidad y viceversa, donde la moraleja se encuentra en un viaje interior, de la inmadurez de la juventud a la responsabilidad, la justicia, la prudencia y la humildad.

De verdad ahora veo que equivocado estaba yo, porque el dinero no hace la felicidad, es parte de la felicidad, pero no la hace.

Con dinero y sin la gente que amas no eres nadie, si tienes dinero y este no puedes devolver la salud no eres nadie.

Al comprender esto me desilusioné de la lámpara, no hay felicidad en lo que no te has ganado y de hecho estoy seguro de que "la felicidad no es la meta, la felicidad es el camino"

Siempre digo es las charlas que me toca estar, si tu meta es por ejemplo, aprender a hablar otro idioma fluidamente, y durante el año que dura el curso, no eres feliz porque no sabes hablarlo, el día en que te gradúes ya habiendo cumplido la meta, habrás perdido 12 meses de felicidad, de gozar cada paso, de aprobar cada examen, de ir a cada clase, de decir tu primera frase sin equivocarte, de saborear cada triunfo. Y con lo con que es la vida no podemos perder un día sin ser felices y sin gozarnos frente a cada milagro.

Entonces hoy más que nunca te digo que no quisiera tener esa lámpara en frente, quiero trazarme cada meta y cumplirla con mi propio esfuerzo y ser feliz luego de llorar algunos pequeños fracasos que se atravesarán, pero que me harán levantarme para intentarlo con más fuerzas.

Ahora bien, qué tal si te digo que tú eres el genio de la lámpara de tu vida, y que con mucha fe y una inagotable determinación en ti y motivación no existe nada que no puedas conseguir, la verdadera magia radica en tus decisiones y en tus acciones, y mientras tengas vida, siempre podrás intentar conquistar tus sueños y aspiraciones.

En la vida no siempre es fácil cumplir nuestras metas, en la mayoría de los casos nos encontramos con muchas barreras que superar, pero muchas de estas barreras provienen de nosotros mismos, de nuestras inseguridades y creencias limitantes y esas son exactamente las que tienen el poder de cambiar.

Como te dije en párrafos anteriores, debemos vivir cada minuto y quitarnos las barreras de esas creencias limitantes que te estancan, para que no salgas adelante. Así que, si un día decides flotar la lámpara e invocar a ese genio que está dentro de ti, pídele los siguientes deseos.

Deseo número 1

Tener autoconocimiento

Hermoso deseo es poder conocerse a sí mismo, y ese debe ser siempre el primer deseo, si te conoces a ti mismo, podrás alcanzar muchas metas, porque estarás consiente de tus fortalezas y debilidades, así que podrás trabajar en pro de ellas. Cuando empiezas a conocerte, empiezas también a amarte y nadie te amará más que tú mismo, cuando te amas, eres capaz de amar a los otros y también eres capaz de estar solo contigo mismo, así como lo vimos en el primer capítulo, solo para trazar metas y disfrutar de tu dulce compañía.

¿Recuerdas que habíamos hablado de la motivación? ¿Y qué lo que te motivaba solo podías conocerlo con el autoconocimiento? Eso es cierto, no puedes saber lo que te motiva si no te conoces.

Así que empecemos:

- Siéntate, tómate un respiro, reflexiona organizando tus pensamientos y trata de estar en un ambiente cálido y silencioso para que este ejercicio te salga bien.

- Has un listado bien ordenado y bonito, llénalo de colores, de marcas, de lo que más te guste, el listado debe tener dos columnas.

1) Mis fortalezas

Allí coloca todas las virtudes que tengas,

¿En qué eres bueno?

¿Que no te dé vergüenza?

Al final solo tú lo leerás, coloca hasta el más mínimo detalle.

Ejemplos:

Amigable, amable, soy bueno en los números, hago un guisado exquisito, soy detallista, me gusta bañarme...

Todo, todo hasta lo que consideres obvio.

2) Mis debilidades

Allí coloca todo en lo que eres malo o no te gusta

Ejemplos:

Impuntual, no me gustan las críticas, me molesto fácilmente, no soy bueno en la escritura, no me gusta bañarme...

- Luego reflexiona sobre este listado, ojo que esto no limite tu motivación o la meta que tengas, ejemplo si mi motivación es ser un gran nadador, y una de mis debilidades es que no me gusta bañarme, esto no me debe limitar y no por ello voy a pensar que la natación es una motivación errada en mi vida y no mi verdadera vocación. Al contrario, el listado debería darme las herramientas para cambiar lo que debo cambiar y potenciar lo que debo potenciar para alcanzar mis metas.

... Cuando hice mi listado una de mis debilidades es que no soy muy bueno con los números y eso de estar sacando cuenta de costos y ganancias, por ello pensé que no podía levantar una empresa, así que iba a ser cuenta arriba y que en un emprendimiento donde necesitaba usar números no me iba a ir bien, de hecho, pensé que me había

equivocado, luego reflexionando, pensé en que, si me gustaba, ese era mi sueño...

Así que empecé a estudiar un poco y hacerme amigo de los números, pero sobre todo pensé en formar "un equipo de superestrellas", donde cada uno nos complementáramos.

- Por último, ya con el corazón en la mano, haz un listado de todo lo que te gustaría hacer y haz este pequeño ejercicio:

Imagina que tienes los suficientes recursos económicos y no necesitas trabajar para comprar comida ni servicios ni nada. Tienes lo suficiente para vivir tranquilo sin mover un dedo. Pero aun así debes hacer alguna actividad.

¿Qué harías?

¿Qué actividad o trabajos realizarías, aunque no te pagaran un solo centavo?

¡Allí está la respuesta!

Busca hacer esa actividad solo así podrás, ser feliz, porque estarías trabajando o emprendiendo por una motivación interna, esa respuesta que des, será tu verdadera vocación.

¿Y sabes qué?

Haz esa actividad, emprende esa empresa, trabaja en ello, de alguna forma consigue que te genere para vivir, porque de una forma u otra, venimos al mundo a ser felices y no solo a trabajar y trabajar para comer, de eso no se trata la vida.

Deseo número 2

Sacar de mi vida las falsas creencias

Es otro deseo que debes pedirte a ti mismo, pero este sí que no ocurre por arte de magia, la mente es muy poderosa ya lo hemos dicho, así que debes reconocer esas creencias limitantes y transformarlas en afirmaciones positivas que te ayuden a alcanzar las metas y sobre todo a ser feliz.

Muchas de esas creencias limitantes nos fueron implantadas en el subconsciente desde niños, tal vez nos dijeron…

¡Los ricos no van al cielo! ¡Ser rico es malo!

Y lo tienes tan arraigado en tu subconsciente que no te has dedicado a buscar la prosperidad económica, déjame decirte que ser rico no es malo, estamos en este mundo para que seamos prósperos. Lo malo respecto a la riqueza es convertirla en el centro de nuestra felicidad, cuando no lo es ni lo será.

Así como estas, muchas creencias que no limitan y muchas etiquetas también como…

¡Eres torpe! ¡No puedes! ¡Tienes dos pies izquierdos! ¡No sirves para los números! Etc.

Si hay un deseo que debes pedir es poder reprogramar tu mente y sacar de ella las creencias y etiquetas limitantes que han regido tu vida y que no te han dejado avanzar.

"Tus creencias no están hechas de realidades. Es tu realidad la que está hecha de creencias" - Richard Bandler

Deseo número 3

Dejar de Procrastinar

Dejar todo para después, es el enemigo más grande para el cumplimiento de tus sueños, tú que eres el genio de tu propia vida, debes dejar de hacerlo de inmediato, esto si debe ser mágicamente, en el próximo capítulo te daré unos consejos para lograr dejar ese mal hábito arruinador de tu presente y futuro.

¡Vive el hoy, el mañana no es seguro y el pasado ya pasó!

Y hoy en día, más que nunca esto es muy importante, no sé si recuerdas que día en tu país decretaron la cuarentena por covid-19 y ya no pudimos salir más por un largo tiempo, muchos teníamos pensado hacer algo al día siguiente y en cuestión de horas todo cambio, ya no pudimos hacerlo y quedamos con cosas pendientes.

A mí en particular me tocaba ir a buscar un cheque importante 5 días antes de decretar la cuarentena, lo había pospuesto por cuatro días, de verdad tenía pesar de ir a esa empresa a buscar el cheque después de que tanto había tenido que hacer para que por fin lo emitieran, ese día dije

- ¡Ya basta!

Hoy voy y fui, no solo fui, sino también lo deposité en el banco, ese día la gente estaba más nerviosa y estresada de lo normal

Pero yo no le presté mucha atención...

A las dos horas de haber llegado a casa decretaron la cuarentena

¡Nadie sale!

¡Los bancos no funcionarán!

Solo farmacias y alimentos.

Si yo hubiese dejado pasar un día más, el cheque se hubiese vencido.

Otro proceso para que lo vuelvan a emitir (si es que lo hacían), y mi equipo y yo hubiésemos perdido una gran suma de dinero que seguramente nos hubiese quebrado, ya que debido a la pandemia tuvimos que parar las operaciones.

¡Procrastinar es peligroso, puede hasta llevarte a la ruina!

UNA DECISIÓN QUE CAMBIARÁ TU VIDA

"La manera de empezar algo es actuar en lugar de hablar" -
Walt Disney

Los sueños son las intenciones más profundas de nuestra mente, las visiones son las acciones que materializan a los sueños, dicho con otras palabras, el sueño es el lugar al que quieres ir y la visión es el plan que tienes para llegar allí. La visión te ayuda a conseguir que exista la posibilidad de cumplir tu sueño, este se convierte en algo más real, que va más a allá de tan solo desearlo.

Convertir un sueño en una realidad tangible no tiene por qué ser un imposible, existen una serie de hábitos que pueden ayudarte a materializar ese sueño, pero antes que nada debes de considerarte como un visionario, debes esforzarte por aquellos que quieres materializar.

Visualízate en el logro de tu sueño, crea imágenes en tu mente que sean alusivas a la materialización del mismo. Ejemplo, deseas correr en un maratón, imagina que te estás inscribiendo, visualízate con el número en tu pecho y así.

Si tu sueño incluye varios objetivos, ordénalos por orden de prioridad.

Supervisa tu progreso

Aprende a renunciar, no se trata de pasar tu vida luchando por algo y perdiendo todo lo demás, de nada te sirve comprar un yate si debes vender tu casa y gastar el dinero de la educación y seguridad de tus hijos. Tú debes luchar por tus sueños al mismo tiempo que maduras emocionalmente, debes saber cuándo convendría un cambio de dirección.

Pero estos sueños jamás serán cumplidos si no comienzas, y es que es un gran error que todos cometemos y es dejar para mañana casi todo, sabes que tienes que hacer algo, pero tu mente decide evitarlo por un tiempo, puede ser unos minutos, unas horas, un día, una semana, meses y hasta años, es triste decirlo, pero a veces se pasa la vida entera y cuando llega el final; que a todos nos toca, no lo hiciste.

Esto se llama procrastinar; es decir, desviarte de lo que realmente es tu meta para realizar actividades que tu mente considera más placentera, como, por ejemplo, chatear con el teléfono, ver una película, escuchar música...

Con esto no te quiero decir que estas actividades sean malas, pero si te desvían de tu meta y esto es una conducta repetitiva en tu vida debes tener mucho cuidado, porque podrías quedar estancado y no avanzar nunca en pro de tus sueños.

Además de esto, procrastinar podría afectar tu productividad y reducir la calidad de tus resultados. Por lo tanto, debes aprender a enfocar tu mente en lo que realmente es importante.

La frase preferida de las personas procrastinadoras es...

¡Lo haré cuando esté listo!

Esto como excusa para postergar sus metas, también otras como...

¡Aún no es tiempo! ¡Las condiciones no están dadas! ¡Ya me llegará el momento!

Lo primero que debes estar consiente es que tu mente es muy poderosa y es con ella que podrás pasar de dejar todo para después, a actuar hoy. Te doy estos consejos que me han ayudado mucho, no creas que yo no he pasado por esto también:

- Trazar un plan para llegar a la meta, ese plan debe ser trazado con objetivos a corto, mediano y largo plazo. Puedes tener un cuaderno donde anotes. Recuerda que en este caso la meta es tu sueño... y para cumplir ese sueño ¿Qué hace falta?

Uno de mis sueños era viajar a Europa, como verás eso no se consigue de la noche a la mañana, pero si seguía postergándolo nunca iba a ir a ni a 30 kilómetros de mi casa, así que comencé a anotar el plan:

1. Tramitar pasaporte

2. Conseguir una agencia de turismo e ir pagando de a poco

3. Ir comprando lo necesario para el viaje

Te digo solo los puntos generales, pero cada uno de estos puntos se subdividían en otros puntos y me planeaba una meta en tiempo.

¡Hasta que al fin lo logré!

¿Cuánto tardé para viajar y cumplir mi sueño?

2 años desde que inicie el plan.

Y ¿cuánto tarde procrastinando?

5 largos años.

¡Qué barbaridad!, ¿Verdad?

No es nada más hacer el plan, también debes darle seguimiento e ir evaluando y colocando marcas en lo que ya está cumplido, este plan no puede ser cerrado, debes darte la oportunidad de reacomodarlo e incluir objetivos que se te habían pasado por alto. Este seguimiento debe ser constante y disciplinado; es decir, colócate un tiempo, por ejemplo, levántate 5 min antes de desayunar o 1 hora antes de acostarte.

Si ves tu meta como la mega meta será más difícil comenzar, por eso es bueno dividirla en varias partes que te lleven a la meta final.

- Debes evitar por completo distraerte, así que comienza por eliminar las distracciones, si hay algo que debes evitar es distraerte de tus objetivos, si tenías que cumplir un objetivo hoy no dejes que nada te aparte de él, ya tendrás tiempo para hacer otras cosas, muchas veces ni siquiera eres tú mismo, si no hay personas que te buscan para hacer otras cosas y terminas cediendo.

También ocurre por lo manipuladora que suele ser la mente, muchas veces la mente suele cambiar trabajo por placer; es decir, si tienes que limpiar la habitación, seguramente tu mente te dirá que es mucho más entretenido ver un programa de TV primero.

¡Ya habrá tiempo para el cuarto! Cuando estés ahogado en basura y polvo...

Pero siempre es bueno recordar que a la mente podemos darle una cucharada de su propia medicina. Y podemos valernos de que sabemos que la mente es como una computadora; es decir, se puede reprogramar. Así que debemos decirle todo el placer que sentiremos al culminar esa actividad que está posponiendo, por ejemplo, imagina como se verá tu habitación limpia, y que fácil será encontrar las cosas, imagina ese sillón libre para sentarse porque ya no hay ropa sucia tirada. Esto se llama motivación positiva y hará que tu mente esté programada para disfrutar de los resultados ¡Cuarto limpio!

Esto no es fácil y te costará tiempo adaptar tu mente a este nuevo modo de trabajar, pero no debes darte por vencido y debes seguir intentando hasta lograrlo.

Disciplina tu mente y disfruta más de lo que deseas alcanzar.

Muchas veces tenía algo planificado y había grandes o pequeños distractores, un ejemplo de ellos, fue el día que iba a cumplir mi segundo objetivo...

Ir a la agencia de viaje, para ver los planes y comenzar poco a poco a pagar un paquete.

Un gran amigo me dijo:

—Pero... Vamos acompáñame a ver unos equipos de computación y yo mañana te acompaño a la agencia.

Yo cedí y al día siguiente llovió muchísimo, así mismo se me atrasó mi plan 2 días, y te cuento que iban a hacer más, si no es porque reflexioné y le doy un pare a la situación. Para ello me imaginé realizando el primer pago y asegurando los pasajes en la mano...

¡Guao!

Al reprogramar mi mente de esta manera ella cedió y se dispuso a hacer lo que necesitaba sin distracciones.

No te digo que muchas veces debes ser flexible, lógicamente si ese día te da una gran fiebre, tampoco es que salgas matándote...

Por último, te dejo una técnica muy sencilla, pero que ayuda bastante, muchos autores lo llaman la regla del 5-4-3-2-1, esta consiste en hacer una cuenta regresiva en el momento que tengas que hacer algo. Si ponemos el mismo ejemplo, cuando tengas que limpiar tu cuarto de una vez empiezas a contar regresivamente 5, 4, 3, 2, 1 y antes de que termines comienzas a trabajar en ello.

La idea de esta técnica en no dar tiempo a la mente para crear excusas.

Es una técnica muy poderosa, que solo te será difícil al principio, ya que la mente se resistirá a realizar la actividad. Te digo que esta no es una técnica inventada, es basada en estudios que indican que la mente tiene 5 segundos para inventar justificaciones, así que comienza desde hoy a practicarla.

5, 4, 3, 2, 1 Limpiar la habitación... ¡Ya!

EL CLUB DEL 1%

Aquí se encuentran solo las personas que están dispuestas a conseguir sus sueños. Las personas que están dispuestas a despertar muy temprano y acostarse muy tarde. Que están dispuestos a sacrificar unos años para disfrutar el resto de sus años.

Muchas personas tienen sueños por alcanzar, en más me atrevería a decir que todas las personas tienen un sueño, porque al fin y al cabo de eso se trata la vida, de soñar y alcanzar. Muchos de estos sueños se comenzaron desde niños, otros desde la adolescencia y otros ya se formaron en la edad adulta, pero vale reflexionar

¿Qué porcentaje de ese 100% de personas han logrado alcanzar verdaderamente sus sueños?

Solo el 1% ha logrado alcanzar su sueño y vivir plenamente, tal vez te parecerá exagerado, pero es real.

Y tú tienes sueños…

¿Cuánto estás dispuesto a sacrificar para conseguirlos?

¿Cuál es el precio que estás dispuesto a pagar para estar dentro de ese 1%?

Perseguir un sueño no es fácil, requiere tomar riesgo, hacer sacrificios y enfrentar sufrimientos que muchas veces no estamos dispuestos a enfrentar. Pero al no hacerlo estamos dejando de luchar y no alcanzaremos nuestros sueños nunca.

¿Estamos dispuestos a sacrificar un trabajo?

¿Un magnífico sueldo?

¿La comodidad del hogar?

¿Estamos dispuestos a dejar la zona de confort?

Muchas veces no lo hacemos por miedo a perder la comodidad o la estabilidad.

Imagina que tienes familia e hijos que mantener y decidas dejar el trabajo por alcanzar tu sueño de tener un negocio propio, eso realmente aterra...

¿Qué tal si te va mal y no tienes para la comida de tus hijos?

Para cumplir con mis sueños dejé mi trabajo, estaba seguro de que con él no lo lograría, eso conllevó a que me tuviera que privar de muchas cosas, ya no había plata para salir, para vestir y para comer en restaurantes...

Dejé de pagar muchos servicios que tenía como por ejemplo la lavandería y tuve que empezar hacer mis propias cosas, ya no tenía dinero para combustible, así que anduve a pie por un largo tiempo.

Sentía que mi trabajo me limitaba, me encerraba, no me dejaba volar, cortaba mi libertad, cortaba mis alas, por otra parte, sentía una fuerza interior que quería salirse de mí, necesitaba poner en pie mi emprendimiento, necesitaba dar todo lo que tenía dentro al mundo.

Aparte de estos miedos están las otras personas, esos que siempre van a criticarte y a meterte en la mente que lo que hiciste fue lo incorrecto.

Mi familia, mis amigos y excompañeros de trabajo, se encargaban de decirme que había cometido un error y cada vez que me veían con los mismos zapatos o andando a pie, me recordaban que, si aún estuviera en mi trabajo, no estaría así. Me decían cosas como: ¡Qué tonto! ¿Crees que es tan fácil emprender en este país? ¡De sueños no se come!

Mi madre me decía que cuál futuro me esperaba que iba a perder mi vida, las palabras de una madre duelen y tienen poder de derrumbarte.

También hay personas que te dirán que tu sueño ya lo han intentado otras personas y han fracasado, que esa no es una buena opción, que a nadie le gusta eso, que no es una opción de mercado y así innumerables frases.

Una empresa de turismo de esas hay muchas y cada vez les va peor.

Nunca te dejes llevar por la opinión de otros cuando de cumplir tus sueños se trata, nadie mejor que tú sabe lo que necesitas. Y obviamente cuando tomes tu decisión tendrás que trabajar duro para que todo haya valido la pena.

¡Sé valiente!

Cada uno de nosotros somos los dueños de nuestra propia historia, pero hay sacrificios y miedos que se deben afrontar, no pienses que estás loco, ni te dejes convencer de que lo estás. O si mejor piensas que estás loco y comprueba que los grandes cambios se derivan de personas que son capaces de sacrificar su zona de confort y salir adelante.

Para pertenecer realmente al Club, aparte de las ganas y el sacrificio debes ser disciplinado, la disciplina es un concepto que se forma de 3 factores:

1. Organización.

Siempre tener todo bien organizado, en un lugar específico, es el primer paso para obtener la disciplina y alcanzar muchas metas. Si trabajas con la computadora, tal vez notes como en el escritorio de tu monitor hay cientos de archivos y si vas a buscar algo rápidamente casi te es imposible tardar menos de 10 minutos

¿Qué tal si tuvieras todo organizado por carpetas, de trabajos o fechas?…

¿No te facilitaría el trabajo?

2. Limpieza.

Es el segundo factor de la disciplina y qué difícil es.

Limpieza es eliminar cosas, si nos vamos al mismo ejemplo del computador nos damos cuenta de que empezamos a acumular archivos que ya no nos sirven de nada, si empezamos a mandar a la papelera los archivos que ya no vamos a usar se nos facilitaría mucho las cosas.

Es importante aprender a eliminar y no aferrarnos a las cosas, esto nos arrancaría la pobreza. Aferrarnos a lo viejo trae verdadera pobreza porque vivimos pensando que no merecemos nada mejor.

3. Puntualidad.

El tercer factor y por eso no menos importante es la puntualidad y de esto depende en gran medida la consecución de tus metas, recuerda que en uno de los capítulos anteriores hablamos de lo que era procrastinar y el daño que esto hacía a tu futuro.

Cuando tenemos una responsabilidad debemos cumplirla y para cumplirla se requiere de puntualidad, no es justo tener que llegar tarde a todos lados, por lo tanto, si tienes problemas con esto, debes tomar las acciones para quitarte ese mal hábito.

Si no somos puntuales, demostramos que no estamos aptos para asumir responsabilidades y podrías perder muchas oportunidades.

Consejos para ser puntual:

- Determina el motivo de tu impuntualidad: Si sabes por qué eres impuntual podrás trabajar para cambiar ese hábito, por ejemplo, si se trata de que al salir no encuentras nada, entonces ve al primer punto de este tema y sé más organizado, si se trata de que te entretienes, apaga todos los distractores posibles y apártate de ellos, colócate límites para ver televisión, estar en las redes o cualquier otra actividad.

¡Analízate!

- Sé planificado: si eres planificado no olvidarás nada y podrás llegar a tiempo a todas partes. De hecho, la planificación es lo que te va a garantizar el éxito en lo que emprendas, por lo tanto, lo mejor es colocar todo en un cuaderno y agenda. Ya lo hablamos en un capítulo anterior, haz tu plan y anótalo. Si anotas con horas, y la cumples a cabalidad, quizás hasta te sobren horas para entretenimiento.

- Cambia tu reloj: Una técnica que me ha servido mucho es cambiar de hora mis relojes, le coloco unos 15 minutos de adelanto y me olvido de ello, así puedes llegar temprano a todos lados. Esto te garantizará unos minutos de margen para cualquier eventualidad que se te presente.

UN EQUIPO DE SUPERESTRELLAS

Cuando se quiere lograr metas y sobre todo si estas metas son en el ámbito laboral, en el deporte, en la música, debes aprender a trabajar en equipo. Hay muchas actividades en la cual debes saber que solo no podrás, porque se necesita de todos para lograrlo. Y eso depende de la capacidad que tenga cada uno, no todos sabemos hacer. Es por ello que en un equipo de futbol, por ejemplo, existen los porteros, los delanteros, mediocampistas y defensas. Al igual que en una banda musical, cada quien tiene su misión e instrumento a tocar.

Para lograr ese trabajo en equipo que te ayudará a alcanzar tus sueños, debes aprender a ser un líder. Entonces debes tomar en cuenta que:

"El éxito depende casi totalmente de rodearse de un buen equipo, un equipo de superestrellas, en el que cada uno sea competente"

- Jamás puedes pensar que vas a tener éxito solo, hay una sola forma de llegar a la meta y eso es trabajando con los mejores.

- Todo depende de la capacidad que tengas de formar un gran equipo, que sea capaz de seguir funcionando si te ausentas un rato.

- Para ello debes estar completamente seguro de ti mismo, amarte y confiar en ti lo suficiente como para no tener miedo de trabajar con personas que sean mejores que tú en ciertos aspectos.

- Siempre busca a los más capacitados, a los mejores, a las más grandes estrellas, a las personas que sean autónomas, emprendedoras, que no haga falta empujarlos para que hagan las cosas, que tengan buenas ideas y sobre todo que sean leales y honestas.

- Muchas veces se comete el error de buscar personas que piensen igual que nosotros, para que siempre nos den la razón, eso es un error porque siempre es bueno las diferencias, y las personas con pensamiento crítico que puedan llevar tu meta a puerto seguro.

Si hay algo importante es que nunca se pierda la comunicación en equipo y que todos tengan la misma meta, llevando el barco a la misma dirección.

Llegó el día de comenzar, empecé, con solo un colaborador, mi asistente, fue una carrera titánica, no me di cuenta de que para montar una empresa necesitaba mucho más que las ganas y el sueño de hacerlo. Necesitaba rodearme de un equipo que le gustara la misma área, que tuvieran el mismo sueño, la misma pasión de llevar a las personas a otros lugares, a divertirse, a conocer otros mundos y paisajes hermosos. Fue así como busqué y encontré entre las personas que conocía y otras dos que no. Busqué potencialidades en cada uno. Una de ellas era buenísima para la fotografía, otra experta en publicidad y redes sociales, otra organizando eventos, y así sucesivamente... de verdad no sé cómo pude pensar que solo podría llevar tal empresa.

Todo empezó verdaderamente cuando nos sentamos a hablar y decidimos que era nuestro sueño en común.

Trabajar en equipo me ha hecho una persona más capaz, porque, aunque somos varias personas, formamos uno solo, y todas nuestras potencialidades se suman para hacer la diferencia, nos complementamos y eso es lo importante.

¿Por qué digo un equipo de superestrellas y no un grupo de superestrellas?

Porque no es lo mismo un equipo que un grupo, y si queremos alcanzar sueños y cumplir metas, lo que necesitamos es un equipo.

La diferencia entre equipo y grupo está básicamente dada en los resultados, en el equipo el liderazgo se comparte y en el grupo el líder es uno solo, por lo tanto, un equipo tiene comunicación abierta, una responsabilidad colectiva y las habilidades de todos se utilizan para un fin común, en cambio, en el grupo, la responsabilidad es individual y las habilidades solo se utilizan para cumplir la tarea asignada.

El equipo debe tener esa chispa en su interior, debe encender la llama del emprendimiento y del proyecto cuando esté a punto de apagarse.

El equipo es la mejor opción de trabajo, ya que:

- Los miembros se complementan y contribuyen al equipo sus habilidades, lo que asegura que puedas alcanzar metas que de manera individual son imposibles.

- Se puede coordinar las tareas de tal forma que cada quien haga lo que mejor sabe hacer.

- Hay una buena comunicación para coordinar las acciones, por lo tanto, todos saben lo que deben hacer y cuando lo deben hacer.

Todo pudo ir al fracaso, porque yo no sabía escuchar, no tomaba en cuenta a los demás y sentía que solo yo tenía la razón. Comprendí que sacrificarlo todo por alcanzar tus sueños no es fácil, pero es mucho más difícil si estás solo.

Sin equipo, sin familia, sin amigos, no eres nadie.

Hoy en día asomo un equipo de 10 personas, cada quien bueno en su área y capaz de afrontar y liderar el proyecto si fuera necesario.

Los sueños comienzan en la soledad, cuando te miras hacia adentro, pero terminan acompañados de personas con tu mismo sueño.

- En un equipo hay suficiente confianza para estar seguro de que cada quien hará su trabajo de la mejor manera, se confía en uno mismo y en los demás generando un ambiente tranquilo.

- Existe compromiso de parte de todos para que todo sea logrado de manera colectiva y no con fines individuales.

Otra cosa que casi nos lleva al fracaso es que 2 integrantes de nuestro equipo no estaban realmente alineados con los objetivos, fue algo así como un "Si" de momento...

Quizás como una moda, pero realmente no eran sus sueños, así que no trabajaron en colectivo y no estaban dispuestos a sacrificar como el resto.

Hay un gran número de tareas que cumplir para alcanzar los objetivos

¿Quién te ayudará a cumplir las metas?

Y bueno, hemos llegado al final de este libro y de esta historia es que te estarás preguntando qué hago ahora, pues siento que he alcanzado mi sueño, tengo una empresa exitosa, muchos de los que empezaron conmigo ya no están, otros que se anexaron en el camino siguen estando.

Muchas personas que me decían que no lo lograría se arrepintieron de sus palabras, otras simplemente se alejaron.

Los que realmente te aman permanecerán contigo y te apoyarán aun sabiendo que eres un loco que lo deja todo por alcanzar sus sueños.

Seguirán siendo tus amigos así dejes de llamarlos por un mes entero o lo dejes plantado, y no estés presente cuando nace su primer hijo, un buen amigo lo entenderá y te amará ante todo esto.

¿Y qué ha pasado ahora que alcancé la meta?

Si era tu verdadera motivación serás inmensamente feliz y vivirás cada instante de tus nuevas experiencias, recordarás que la felicidad no es el fin, sino el camino...

He sido inmensamente feliz cada minuto desde que comencé, fui feliz desde el día que saqué el lodo de la habitación donde sería mi oficina, desde que la pinte y la vi por primera vez limpia, he sido feliz con cada pequeño logro y ahora soy feliz cada vez que logro que alguien lo sea...

Me dediqué a escribir este corto libro para que sepas que...

¡Si se puede!

Y que con él, alcancé otra de mis metas, y es que tú alcances la tuya...

Con todo el Corazón para ti...

Si has disfrutado este libro y has encontrado un beneficio en él, me ayudarías mucho dejando una reseña honesta.

¿Cómo dejar una reseña?

- Visita la página de libros en KDP
- Desplácese hacia abajo hasta la sección de reseñas de clientes.
- Haga clic en escribir una opinión de cliente

O puedes seguir cualquiera de estos enlaces

Versión Kindle
http://www.amazon.com/review/create-review?&asin=B08ZD33JWJ

Versión Tapa Blanda
http://www.amazon.com/review/create-review?&asin=B08Z9W56ZL

También puedes contactarme para cualquier pregunta, compartir tus pensamientos y sentimientos sobre el libro o para suscribirte a material inédito en:

www.mrbrianalba.com
mrbrianalba@gmail.com
https://www.instagram.com/mrbrianalba/

Gracias por tu valioso tiempo...

Un abrazo,
Brian Alba